アミューズメントの

感性マーケティング

早稲田大学ビジネススクール 講義録

〜エポック社社長、スノーピーク社長、松竹副社長が語る〜

長沢伸也 編

1

株式会社エポック社

『シルバニアファミリー』における感性マーケティング
～徹底的な美の追求～

シルバニアファミリー『あかりの灯る大きなお家』 ©EPOCH

テーマは「自然・家族・愛」 ©EPOCH

2

株式会社スノーピーク

「好きなことだけ!」を仕事にする経営

snow peak wayの様子

© Snow Peak

Snow Peak Headquarters　本社と敷地

© Snow Peak

松竹株式会社

歌舞伎の夢と感動

第5期歌舞伎座外観

12代市川團十郎丈
（元・早稲田大学特命教授）

松本幸四郎丈
（早稲田大学特命教授）

推薦の辞

～アルビオン寄附講座の狙い～

本書は早稲田大学ビジネススクール（ＷＢＳ）で開講されている株式会社アルビオン寄附講座「感性マーケティング論」で招聘したゲスト講師による講義録です。

「感性マーケティング論」は、私ども株式会社アルビオンの寄附講座として２０１２年度より開講いたしました。以来、私も一講師として皆様の前でお話をする機会をいただいております。本講座の受講生の皆様はすでに社会でご活躍されている優秀な方ばかりですが、さらなる意欲や熱意に満ちたまなざしに、毎回私の方が身の引き締まる思いです。とても有意義な時間を与えていただいていることに大変感謝しております。

私どもの会社は化粧品メーカーです。講義の中でもお伝えしていますが、化粧品ビジネスとは心のビジネスだと常々思っています。私どもの化粧品を買ったお客様に夢や感動を与えられる会社でありたい。そのためにも、感性に訴える商品づくりがとても大事になってきます。容器のデザインや色、形、美容液やファンデーションの感触、香り…。化粧品ですから美容理論はもちろん大前提としてありますが、お客様の感性に響く商品でなければ選んでいただけないのが実情です。ですから、日ごろ私の会社のメンバーには、まず自らの感性を磨いてほしいと伝えています。例えば美術展に行く、舞台を観る、一流ブランドのブティックに入る。お金をかけるということではなく、その場にいるだけでも何かを感じることができると思うのです。一流に触れることで感性を磨いてほしいと思っていますし、私自身も常に感性を磨く努力をしています。

感性を理論付けるのは、とても難しいことかもしれません。それでも、この講座を通して何かヒントを見つけていただければと思っています。多くのものや多くの人と接して話を聞くことも非常に重要なことであり、それこそが本講座の狙いでもあります。感性あふれるさまざまな一流の商品に触れ、その企業を代表する方々から直接お話を伺えるこの講座は、ほかにはない、まさに社会人が学ぶビジネススクールにふさわしい講座であると自負しています。

講座開設から出版まで細部にわたってご尽力いただいております長沢伸也教授、ならびにご多忙ななかご登壇いただいた経営者の皆様に、心から感謝の意を表します。それとともに、手前味噌ですが、このようにユニークかつ素晴らしい本講座をＷＢＳ受講生だけが享受できるのではもったいないと思います。
今回の出版を通じて本講座が社会に広く知られていくことを願っております。

株式会社アルビオン代表取締役社長　小林　章一

はじめに

●本書の成立経緯と概要

本書は早稲田大学ビジネススクール（WBS）で開講されている株式会社アルビオン寄附講座「感性マーケティング論」で、2013年度と2014年度に招聘したゲスト講師による講義のうち、アミューズメント（楽しみごと、娯楽）に関する3人のゲスト講師による講義録です。

早稲田大学ビジネススクール講義録としては、これまでに、

・『感性マーケティングの実践――早稲田大学ビジネススクール講義録～アルビオン、一澤信三郎帆布、末富、虎屋　各社長が語る』（同友館、2013年）

・『ジャパン・ブランドの創造――早稲田大学ビジネススクール講義録～クールジャパン機構社長、ソメスサドル会長、良品計画会長が語る』（同友館、2014年）

を刊行しておりますので、本書はこれらに続く3冊目になります。また、株式会社アルビ

オン寄附講座「感性マーケティング論」の講義録としては、『感性マーケティングの実践』に続く2冊目になります。

早稲田大学ビジネススクールでは、ビジネス界と密接に連携した教育・研究に注力しており、その取組みの一環として、企業からのご寄附に基づく寄附講座をいくつか開講しています。そうした寄附講座の一つとして、株式会社アルビオンからのご寄附に基づく「感性マーケティング論」を２０１２年度より運営しております。

寄附講座では、座学だけではなく、それぞれの立場でご活躍の実務経験者の方にゲスト講師としてご登壇いただいております。各年度でさまざまな経営者をお招きしているなかで、株式会社エポック社 代表取締役社長 前田道裕氏に２０１３年度、株式会社スノーピーク 代表取締役社長 山井 太氏、松竹株式会社副社長 演劇本部長 安孫子正氏に２０１４年度、それぞれゲスト講師としてご登壇いただきました。

本書は、それぞれのゲスト講師による講義と受講生との質疑応答を収録しています。ただし、出版に際して、講義部分および質疑応答ともに、各ゲスト講師と編者による加除修正を行っています。

本書で取り上げる3社は、それぞれ玩具（おもちゃ）、アウトドア用品、演劇（歌舞伎）

という楽しみごとや娯楽、すなわちアミューズメントをビジネスにしています。生活必需品やコモディティ（汎用品）とは異なり、これらが無くても日々の生活はできるものの、暮らしの中で生活を豊かにします。つまり、生活者の感性に訴える商品が特徴であり、「高くても売れる」（『シルバニアファミリー』の人形一体ずつや、歌舞伎座の一幕見は高くないとのことではありますが）、「熱烈なファンが大勢いる」という特徴があります。これこそが、日本企業が目指すべき方向であることに疑いがありません。しかも、『シルバニアファミリー』やスノーピーク社のアウトドア用品はグローバルに展開していますし、歌舞伎も外国人客が増えています。日本的な文化や感性、価値観に基づく商品開発・管理、さらには「日本」発のブランド創造が求められていることを示しているのではないでしょうか。

「日本」発のブランド創造こそが、日本企業の喫緊の課題であることに疑いがありません。経営者自らの言葉の迫力と相俟って、多くのビジネスパーソンのご参考になると確信しております。

●本書にまつわる秘話

本書収録の3社は、編者の個人的な志向や趣向が濃く反映されています。

エポック社は前田社長のご要請により非常勤監査役を学外兼業で務めています。約50か国で展開する『シルバニアファミリー』は日本が世界に誇るジャパン・ブランドなので、役員会で話題にしてご講義をお願いしました。スノーピークは、編者の出身である新潟市の隣町の燕・三条にあります。同地域に産業集積している金属加工業は衰退の一途だと思っていました。ところが最近、絶好調な会社があると聞き、入院中の母を見舞った機会に足を延ばして山井社長に面談したところ魅了され、ご出講まで約束いただきました。歌舞伎はその母に影響されて観始めてから40年経ちます。今は亡き名優たち出演の名舞台でも当時は空席が多かったので、昨今の歌舞伎ブームは隔世の感があります。その仕掛け人である松竹・演劇本部長で、時折、番付（筋書き）でお顔やお名前を拝見する安孫子副社長には、「故中村勘三郎丈、坂東三津五郎丈（ちょうどこれを執筆中に訃報がありました）、中村時蔵丈、中村芝雀丈と同い年の歌舞伎ファンだ」と売り込んだ結果のご登壇です。

大学教授というと、世間知らずで象牙の塔に籠っているという印象が強いようです。しかし、ビジネスの理論と実践は両輪ですから、ビジネススクールの教員はそうも言っておられません。企業にご寄附のお願いをしたり、ご多忙な経営者に大学での講義をお願いしたり、しかも、遠方であってもメールとかで済ませずに直接出向いて趣旨をご説明しご依頼をしたりと、けっして苦にはなりませんが寄附講座運営に当たっては労力を要します。

エポック社前田社長のご講義ではショコラウサギちゃんの着ぐるみがサプライズで教室に現れました（本文参照）。着ぐるみの中に入って演ずる劇団の人は別途に来て準備室で着替えるとのことですが、大学の教室には準備室はありません。隣や近くの教室は別の授業で塞がっています。廊下を曲がって少し離れた空き教室を確保するべく願い出たら、「着ぐるみが廊下を歩くのですか？　警備員の巡回に出くわすと捕まりますよ」と事務職員氏。近頃は大学も物騒なので、警備員が頻繁に巡回します。不審者で捕まっては教室に来られません。さらに一筆、「ゲスト講義当日の夜20時前に11号館9階の廊下をウサギの着ぐるみが通行するが、演出のためであり、けっして怪しい者ではない」。すると、「これは怪しい」、そして「学内に掲示して事前に周知徹底しましょう」と。周知したらサプライズではなくなります。こんな顛末でもサプライズが無事成功して、編者は安堵しました。

●本書の狙い

本書の狙いは、アルビオン寄附講座「感性マーケティング論」の講義の狙いでもありますので、以下に紹介します。

世の中には、多くの製品やサービスがあふれています。それらを購入して生活の中で使用したり提供を受けたりすることで、私たちの生活は豊かになったり、快適になっていきます。したがって、私たち生活者に望まれ、市場で成功する製品やサービスを生み出すためには、使用する人間の立場での使い心地や受け容れられ方をとらえることが、企業におけるマーケティング活動の一環として重要です。

特に最近は社会全体が「人間重視・生活重視」の動きにあり、「感性の時代」とか「感性社会」という言葉が一つのキーワードとして多用されるようになってきています。このため、製品やサービスにおいても、人間の感覚や感性を問題にすることが多くなっており、感性マーケティング、感性工学、感性ビジネス、感性マネジメント、感性商品、感性デザイン、感性品質、感性評価などということが頻繁に聞かれるようになってきました。

「感性」とは何か、は哲学的で難しいのですが、これらの人間の「感覚」と「感じ方」を併せて「感性」とすると、企業は商品開発において「感性」を重視し、「感性に訴える商品」を提供する必要が生じています。「感性」を重視するとか、「感性に訴える商品」というと、何か浮ついたニュアンスに受け止める人もいるようです。しかし、上記のように考えると、「感性に訴える商品」とは、生活者にとって「魅力ある商品」、「価値ある商品」のことであり、「売れる商品」と同義です。したがって、これは商品開発上、本質的かつ根本的な課題です。

本講義では、移り気で変化も速い生活者の衣生活（装いを含む）・食生活・住生活（暮らしを含む）の感性に根ざした商品やマーケティングを事例中心に論じます。

到達目標として、最低到達目標（合格ライン）は、デザインや感性的な価値のマネジメント、および企業らしさやブランドのデザインについて、必要性を理解し、正しい知識（商品の価格や特性を超えてかなり共通しています）を得ることです。また、努力目標（成績が「優」のライン）は、ヒットする要素や強いブランドを作り込むプロセスや方法・法則について、マスコミや通説等に惑わされずに自分で考える力や見方を養うことです。

講義の構成としては、以下のように、講義とケース、さらにケースで取り上げる対象企業の社長によるゲスト講義が組み合わされています。

(1) 感性マーケティングとは
(2) 技術経営と経験価値
(3) 衣・装いのケース：アルビオンの高級化粧品［アルビオン小林章一社長ご講演］、エルメスのラグジュアリー鞄・スカーフ、ワコールのDIA、ソメスサドルの鞄、印傳屋上原勇七の印傳、カイハラのデニム、白鳳堂の化粧筆、千總の京友禅、一澤信三郎帆布の帆布製鞄
(4) 食のケース：末富の京菓子、栗山米菓の1万円煎餅、ハナマルキの5千円味噌、虎屋の羊羹・和菓子
(5) 住・暮らしのケース：松栄堂のお香、山中漆器のテーブルウェア、シャープのAQUOS、コクヨのカドケシ、バンダイのリトルジャマー［スノーピーク代表取締役社長　山井　太氏ご講演、松竹副社長　演劇本部長　安孫子正氏ご講演、日本香堂ホールディングス会長兼社長　小仲正久氏ご講演］

（以上、『講義概要』2014年版より）

●おことわりと謝辞

本書の企画と編纂および質疑応答の質問部分の校正は編者があたり、講義部分と質疑応答の回答部分の校正は各講演者があたりましたが、内容や構成は編者がその責めを負っていることは言うまでもありません。また、各講演者が語った珠玉の言葉を収録していますが、話し言葉と文字とのニュアンスの差異や、間・雰囲気が伝わりきれていなかったり、損なっていたりしたとすれば、編者の力量の限界です。

本書が成立する直接のきっかけとなった「感性マーケティング論」は、前述のとおり、株式会社アルビオンの寄附講座です。ご寄附を賜りました上に自らご講義いただいております同社　小林章一社長ならびにWBSのOBでもある染谷高士取締役に厚く御礼申し上げます。染谷取締役は、編者とともに共同で「感性マーケティング論」を担当していただいております。

末筆になりましたが、お忙しいなか、ゲスト講師招聘に応じてご出講いただいた3名の経営者に深甚なる謝意を表します。特に、山井スノーピーク社長はテレビ番組「カンブリア宮殿」ご出演やご著書が大反響で一躍「時の人」になられ、お忙しい最中に新潟から泊まりがけでお越しいただきました。また、各企業の広報ご担当のみなさま、特に株式会社エポック社人事部マネジャー　高橋美佳氏、株式会社スノーピーク取締役社長室長　國保博之氏、松竹株式会社演劇本部マネジャー　蔵本玲子氏には、ご講演原稿を細部にわたり確認いただきました。さらに講義を熱心に聴講し、活発に質問したWBSの受講生の諸君のご協力あっての本書であり、深く感謝しています。また、本書は、同友館鈴木良二出版部長のご尽力により形になりました。編集作業に加え、歌舞伎俳優の顔写真を掲載するための著作権使用手続きまでお骨折りいただきました。ここに厚く御礼申し上げます。

2015年春　都の西北にて

編者　長沢　伸也

目次

1

株式会社エポック社
――『シルバニアファミリー』における感性マーケティング～徹底的な美の追求～

2

株式会社スノーピーク
――「好きなことだけ！」を仕事にする経営

3

松竹株式会社
——歌舞伎の夢と感動

1

株式会社エポック社
――『シルバニアファミリー』における感性マーケティング～徹底的な美の追求～

ゲスト講師：株式会社エポック社　代表取締役社長　前田道裕氏
開催形態：株式会社アルビオン寄附講座「感性マーケティング論」〈第7回〉
日　時：2013年10月21日
会　場：早稲田大学早稲田キャンパス11号館903教室
対　象：WBS受講生

●会社概要●

株式会社エポック社

代 表 者：前田道裕（代表取締役社長）

設　　立：1958年５月６日

資 本 金：380百万円

従業員数：172名（男：118名、女54名）

売 上 高：12,800百万円（2014年３月期）

本社所在地

〒111-8618　東京都台東区駒形2-2-2

TEL　03(3843)8812（代表）

主な事業：玩具、ホビー、雑貨等の開発、製造並びに世界マーケットでの販売展開

前田道裕《まえだみちひろ》社長　略歴

1958年生まれ

1981年３月　慶應義塾大学経済学部卒業

同　年４月　日本電気株式会社　入社

1989年６月　同社　退社

同　年７月　株式会社エポック社　入社

1991年10月　同社専務取締役

1993年６月　同社代表取締役副社長

1995年６月　同社代表取締役社長（現任）

皆さん、こんばんは。ただ今ご紹介にあずかりました、エポック社の前田でございます。エポック社はおもちゃメーカーです。私たちはこの業界を玩具業界と呼んでおります。もちろん、子供のおもちゃを企画・製造・販売する業界です。

今日、お越しの方々は、社会人と伺っております。子育て中の方もいらっしゃるかもしれませんが、なかには子育てはまだまだ、あるいは子育てはもう終わってしまったという人もいるかもしれません。そういう意味では、普段、玩具に接していない人が多いでしょうから、最初に日本の玩具業界の状況を少しお話ししたいと思います。

日本の玩具業界とエポック社

日本の玩具業界の最大手はバンダイです。続いてタカラトミー。そして私どもエポック社が第3位のメーカーです。バンダイは男の子向けの玩具の最大手です。皆さんも覚えていらっしゃるかもしれませんが、「なんとかレンジャー」という名前の付いた〝戦隊シリーズ〟といわれるもの、『仮面ライダー』、『ガンダム』、こういうシリーズを得意としていま

写真1　前田社長の講義風景

シルバニアファミリーにおける
感性マーケティング
～徹底的な美の追求～
株式会社エポック社
代表取締役社長　前田道裕

す。第2位のタカラトミーは、かつてタカラとトミーという会社が合併してできた会社です。タカラは『リカちゃん』というお人形、「着せ替え人形」と私たちは言っていますが、このお人形を得意とし、トミーは『トミカ』というミニカー、『プラレール』という鉄道の玩具を得意としています。

当社エポック社について皆さんが記憶されているのは野球盤かもしれません。現在は、実はこの『シルバニアファミリー』という動物の形をしたお人形とドールハウスというコンセプトのシリーズを筆頭に、女児玩具を得意とするメーカーとなっています（写真1）。

このようにメーカーとしての業界の特徴

写真2　女児玩具『シルバニアファミリー』

©EPOCH

は、それぞれのメーカーが異なる商品を開発、生産するところにあります。また玩具を販売している売場というのは、デパート、専門店というのが最もクラシックで、続いてトイザらス、そして近年では家電量販店、つまりビックカメラであったりヨドバシカメラ、Ｊｏｓｈｉｎ（上新電機）、そしてもっと最近ではネット通販がすごい勢いで伸びてきております。最終消費者は3歳から8、9歳までの子どもたちですが、もちろん金銭的な負担をしてくださるのはご両親やおじいちゃん、おばあちゃんです。日本は少子高齢化のマーケットです。子ども人口は20年前から比べると26パーセントという勢いで減少しています。

したがって、マーケットで淘汰が進んでおりまして、今残っている会社は、ある程度少子化の波に呑まれたあとに残った会社ともいえます。

一方、海外には、欧米先進国、それからＢＲＩＣＳのような新興国、東南アジアのような発展途上国とさまざまなマーケットがあります。当社は主力商品の『シルバニアファミリー』を世界45か国（注：講演時の展開数。２０１４年12月現在では47か国。以下同様）に販売し、グローバルな会社になっております。実は日本出身の玩具メーカーでここまでのグローバリゼーションを行っているのは当社だけです。しかし、世界でみれば、バービー人形やホットホイールという名前のミニカーで有名なマテル、人生ゲームの元締めをしているハズブロ、そして日本でも有名なレゴと、こういったメーカーがグローバルな活動をしており、日本のマーケットはややガラパゴス化しています。

感性マーケティングに立脚した付加価値

さて、感性マーケティングということでお話しするにあたり、その意味を少し勉強してみたいと思いました。感性マーケティングの対極に位置するのは、合理性、機能性、原理、原則にもとづく付加価値で、一方の感性マーケティングは、美しさ、美意識、情感、感情に訴える付加価値に立脚して商品の差別化を図るという考え方だと理解いたしました。

日本のリーディング産業である家電業界、自動車業界は合理性、機能性に付加価値を求めてきました。しかし、近年の家電商品はあまりに機能が進み、複雑な機能が増え、消費者があまり要求しないところまでスペックが進んでしまいました。合理性、機能性の追求が顧客の満足を超えるところまで来てしまい、顧客はそれ以上の機能性を要求していないといった現象が起きているように思われます。また、消費行動の選択権が女性に移ってきたということも事態の変化に影響しているかもしれません。このような段階において、感性マーケティングが求められているのだろうと推察しています。

それでは、感性マーケティングに立脚した付加価値を用いる業界はどんな業界であろうかということを考えてみました。美しさ、美意識、楽しい、うれしい、幸せだと感じる、これらを付加価値として考えている業界はどこだろうか。最初に考えついたのは、美容師、美容室という業界です。当たり前のことですけれども、美しくないと売れない、という業界です。次に考えついたのは、スイーツ、ケーキ、和菓子の業界です。おいしいということがベースで、これに加えて見た目が美しくないと売れないという業界であると思います。そしてもう一つ考えついたのは画商の業界。美しい絵、心を打つ絵、これが付加価値の中心にあるという業界であると思いました。

では次に、楽しいということを付加価値に考えている業界はどんなところがあるだろうか。最初に考えついたのはお笑いの業界です。そして私どもの玩具業界。それから隣りの業界ですがゲームの業界。私たち玩具業界もこの楽しいということを最大の付加価値とする業界であると思います。

玩具業界とその付加価値の変遷

それでは、玩具業界の変遷とともに、この付加価値にどんな変化があったかということに焦点を当てながら、歴史をちょっと辿ってみたいと思います（資料1）。

テレビゲームが出現するまでは、玩具業界は時代の最先端を行っていました。衣食住足りて、ようやく楽しいことにお金が使えるという喜び、この時代はそういう時代であった

資料1　玩具業界の歴史

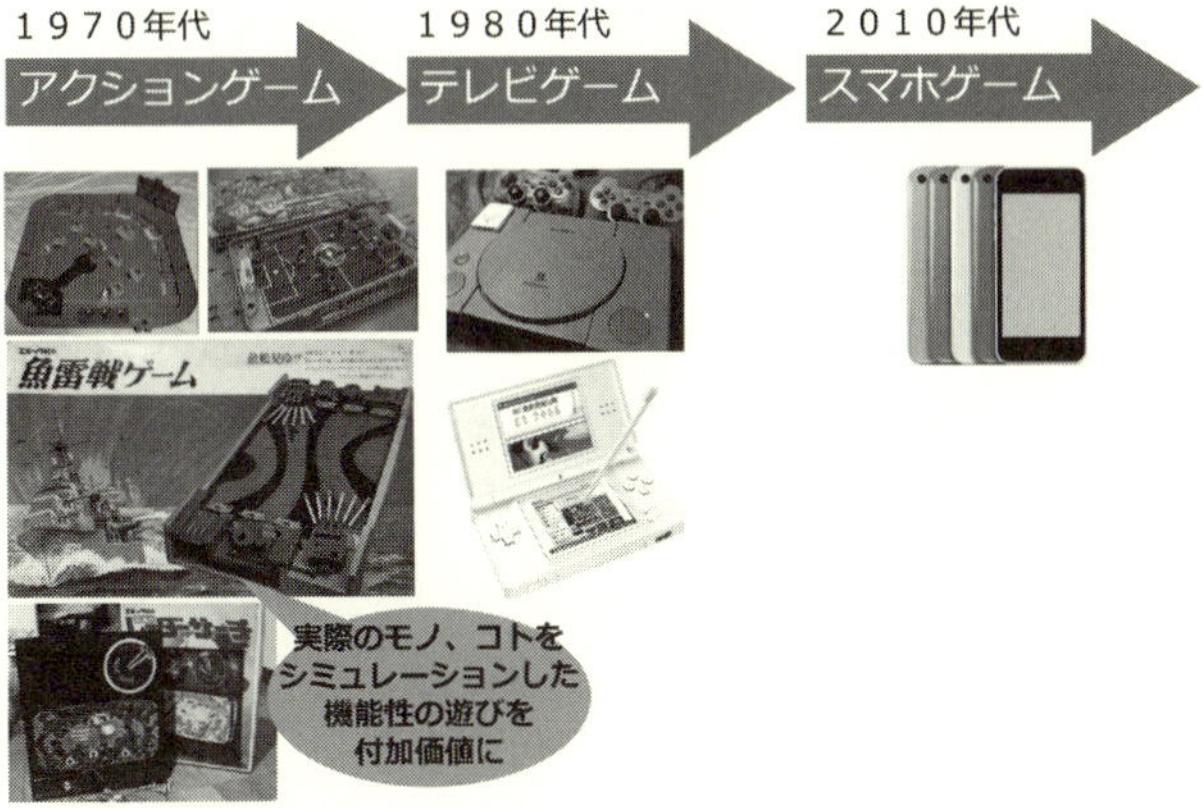

わけです。この頃の当社のヒット商品は野球盤、サッカーゲーム、レーダーサーチ、魚雷戦ゲームといったものでした。実際にモノやコトをシミュレーションした機能性というところが付加価値であったと思います。そこにテレビゲームが登場します。テレビゲームは機能性が圧倒的に高く、機能性という付加価値では私ども玩具業界はテレビゲーム業界にその座を譲っていきます。しばらく経ってテレビゲームは携帯電話やスマホのゲームにその地位を譲るという変遷を辿ります。

以来、玩具マーケットは楽しい、興奮という部分に付加価値を最大化することを目指し、感性マーケティングを行ってきた、実践してきたともいえると思います。テレビゲーム業界に先端産業としての座を譲ってしばらくの間、付加価値の創造という観点では大きな発展がみられない時期があったともいえると思います。

その玩具業界は一時期の暗い時期を経て、見直される時期が到来しました。そのきっかけはテレビ東京の「開運なんでも鑑定団」です。古美術や骨董《こっとう》品を中心として一般の方のご家庭に眠るお宝の品々の価値を再認識するという番組ですが、その中に玩具も対象として取り上げられました。大変インパクトが強かったので、高視聴率番組にもなりました。この「開運なんでも鑑定団」に玩具が登場したということで、玩具の歴史的な意義が見直されることになったわけです。

これに伴って二世代化した価値というのが認識されるようになりました。二世代化された価値、つまり父と子どもが同じ遊びをする、母と子どもが同じ遊びをする、共有できるということです。少子化が進み、昔に比べて子どもたち同士で遊べる機会は減ってきました。現代は子どもたちがきちんとアポを取って遊ぶ時代です。遊び相手として少なくなった友達、兄弟に代わって登場したのがお父さんです。昔に比べると子どもと遊ぶ時間があるお父さんが子どもたちの遊び相手として重要な役割を担うようになりました。そしてお父さんが息子と遊ぶならばお母さんは娘と遊ぶという時代に入りました。お父さん、お母さんは自分たちが不得手なテレビゲームで遊ぶのではなくて、自分がかつて遊んで素晴らしかったという記憶を持つ玩具で遊ぶという傾向が出てきました。こうして二世代化した玩具に再び価値が認められるようになりました。これが玩具の価値の再評価の経緯だと私は思っています。

もう一つ、私たちにとっては隣りの業界で、サンリオの『ハローキティ』という有名なライセンスがあります。私どもの『シルバニアファミリー』は、こちらと大変類似点が多いので、この『ハローキティ』の話を少ししてみたいと思います。

『ハローキティ』の特徴、これはなんといっても視覚的にかわいいということです。そのため幼児年齢の子どもは『ハローキティ』のとりこになるのです。『ハローキティ』ならなんでもかわいい、なんでも受け入れるという時期があります。子どもが成長するにつれて、自我の目覚めとともにそれぞれが違う価値観を持つ時期が来て、一時期『ハローキティ』から離れる時代があります。そして子どもから思春期、大人の女性になっていくという段階を経ていくわけですが、ここでターゲットが女の子から女性に変化していきます。勉強や仕事から離れたオフの時間に自分自身の幼児性を楽しむという現象が起こります。『ハローキティ』こそが自己の幼児性の象徴となり、再び『ハローキティ』のグッズにはまるのです。仕事や勉強という現実世界からの逃避であったり、非日常の演出として『ハローキティ』は安らぎの時間、癒やしの時間を与えてくれます。そしてこの対象の方々が今度は母親になったとき、わが子とともに『ハローキティ』で遊びたい、『ハローキティ』で遊ばせたいという時期が到来します。消費者が二世代化を楽しむのです。女性の一生、人生の異なるステップにおいて『ハローキティ』と接し、その付加価値を感じさせているわけです。つまり、消費者側が変わることを利用しているわけです。これが『ハローキティ』の戦略、というと大げさかもしれませんが、特徴であると私は思っています。

『シルバニアファミリー』の感性マーケティング――商品

今日は私どもの主力商品、『シルバニアファミリー』の感性マーケティングについてお話ししたいと思っていますが、その前に私が気づいた感性マーケティングにおいて必須とされるルールについてお話しします。それは〝徹底的〟ということです。美しさ、美意識、情感、感情に訴える付加価値。つまり感情に訴える部分で中途半端では訴えきれないということです。どこかにしらけたところがあっては、いったん熱くなった感情が冷めてしまうということです。徹底的、手を抜かない、興ざめにさせない、魔法が解けないようにする、これが感性マーケティングのルールのように思います。いくつか例を挙げてみたいと思います。

たとえばディズニーランドです。ディズニーランドは、目に見える場所ではミッキーマウスが同時に2か所には登場しないというルールがあると聞いております。どこから見てもミッキーマウスは1人しかいないように工夫されている。これも2か所にミッキーマウスがいては、なんだか現実に引き戻されてしまう、興ざめだということだと思います。続いて、吉本のお笑い。これも徹底している例だと思います。お笑い芸人の方たちは、一般人としての日常を捨てて芸人人生を送っています。好むと好まざるとにかかわらず、彼らは一般人と違う生活をしているわけです。芸人人生をかけているということだと思います。そして三番目、スタジオジブリの映画です。これも徹底している例です。いつもいい意味で期待を裏切ってくれます。逆にいえば、目に見えないところで工夫している、種と仕掛けがあるというのが企業のノウハウなんだろうなと思います。

それでは当社の主力商品、『シルバニアファミリー』においてどんな感性マーケティングを行っているかをお話ししていきたいと思います。冒頭にも簡単にお話をしましたが、当社の主力商品である『シルバニアファミリー』は、世界45か国（2014年12月現在47か国）で販売されている女児玩具です。特に日本とイギリス、ロシアでは大きな成功を収め、女児玩具としてはトップの商品、あるいは2位の商品になっております。

私どもは、商品とマーケティングの両方の部分で感性マーケティングを行っているように思うのですが、まず商品の紹介をしてみたいと思います。

商品は主人公となるウサギやクマの擬人化された動物のファミリーと、彼らが住んでいる家、私たちは「ハウス」と呼ぶのですが、家にある家具類、そして学校やショッピングセンター、そのショッピングセンターにある店たち、さらに家族旅行の行き先やそこでの別荘、遊び用具などがあります。いわば、ありとあらゆる子どもの世界が再現されているわけです。設定されている場面、舞台は擬人化された動物たちが幸せに暮らす村です。世界のどこにあるかわからないけれども世界のどこかにある幸せな村、それが存在する。この舞台にいざなうお話の出だしは次のようになっています。少し長いですが読ませていただきたいと思います。

緑の山や深い森をいくつも越えて、その奥へと行ったことがありますか？　森の緑が濃くなって、木の陰から、ひそひそと、妖精のささやきが聞こえるような気がしてきたら、もう、そこはシルバニア村の東のはし。ひそひその森です。妖精たちの声に見送られて、その森を抜けた所に小さな村が広がっています。世界中のどこよりも美しくて、静かで楽しい村。自然と大地がくれた、宝物のような場所。それがシルバニア村なのです。

このようにお話が続いていきます。

この舞台に女の子をいざなうことで魔法の世界に連れていってしまいます。まず、商品名においてこの虚構を信じ、身を置きたくなるように徹底した商品開発を行っています。主人公となる動物たちは徹底的にかわいい、これがその動物たちです（写真3）。

主人公、この動物がキュートで、愛くるしい、これが人形の世界の鉄則です。さらに触っていただくとわかると思いますが、この手触りですね、動物の毛並みをイメージするような肌触りです。これはフロッキング、日本語では植毛という技術を用いています。このフロッキングを行うことでビロードのような感触、動物の毛並みを感じさせる感触を持たせ

写真3　動物たちが徹底的にかわいい

©EPOCH

ることに成功しています。

主人公たちである人形はお父さん、お母さん、女の子、男の子、赤ちゃんというファミリー構成になっています（写真4）。

森に住むウサギ、リス、ネコや、その他たくさんの種類があり、それら動物たちのファミリーの構成にしています。これは消費者である子どもたちの身近な世界を再現させるための工夫です。子どもの世界というのは自分の家族、お友達、お友達の家族、それにせいぜい先生が加わるというところです。商品の中の女の子を自分に置き換え、そしてお父さんやお母さんは自らの家族に、そして他の動物は自分のお友達とその家族に置き換えて遊びます。そのように

写真4　ファミリー構成

©EPOCH

遊べるようにしてあるわけです。主には女の子向けの商品ですので、森の動物たちの中でも特に女性的な印象のある小動物を主人公、主要人物に設定しています。特に私たちは、皆さんのお手元にあります『ショコラウサギ』という名前が付いているお人形、大変優れたデザインでできたこのショコラウサギを動物の中で最重要商品としています（写真5）。

この『ショコラウサギの女の子』が消費者にとっては自分本人であると想定できるように作ってあります。そして自分に近いお友達をリスやネコといった、これまた女性的な印象の強い動物に設定するというふうにして、優しい印象を全体に醸し出せる

写真5　主人公は『ショコラウサギの女の子』

©EPOCH

工夫をしています。

続いての主要商品はハウスと家具という商品群です。

主人公たちが住むハウスという家、これも実は子どもの玩具とは思えないほど手の込んだものにしてあります。材質はプラスチックですが、見た目は木製かと思えるほどの美しい仕上がりになっています（写真6）。

それから家具類。この家の中で日常生活にあるような家具類がたくさんあるのですが、家具類も細部にこだわり、大人の目で見てもすごいと思わせるクオリティーにしてあります。徹底的に美しくということを追求し、通常の玩具の域では考えられない

写真６　美しい仕上がりのハウス

©EPOCH

というレベルにしてあります。たぶん玩具の商品でここまで追求している商品は極めて稀《まれ》だと思います。逆にいうと、普通はここまでのレベルを要求されないのでこれほどのクオリティーを実現していないともいえますが、私どもの商品はそのようなことを行っています。ちなみにここにシンク（流し台）があるのですが、ちゃんとこのように引き出しを引き出せますし、それのみならず開き扉を開けばU字溝がありますす。本物だなと思っていただけるように、ここまで徹底して心掛けています（写真７）。

先ほど申し上げたように、このハウスや家具といった住居に関する商品のみなら

写真7　美しい仕上がりの家具

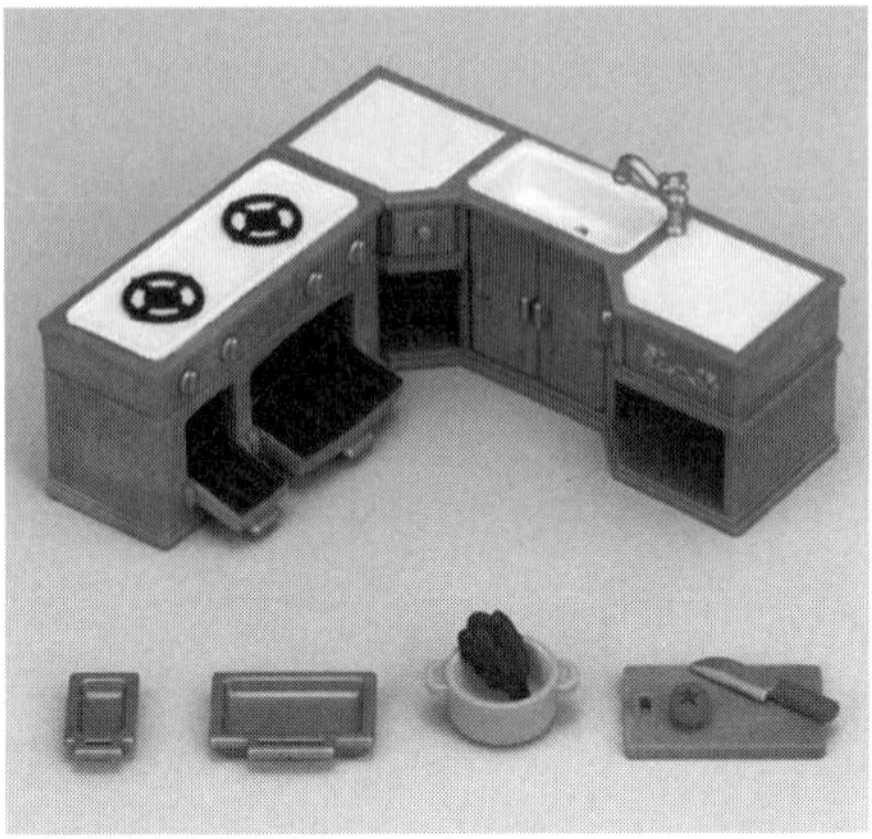

©EPOCH

ず、子どもの生活、世界をほぼすべて再現できるようにしてあります。子どもにとっては学校、幼稚園が普段の生活です。そこで行われる運動会、学芸会、お遊戯、それからお母さんと一緒に行くショッピング、外食が子どもたちの日常です。ショッピングセンターを構成できるだけのお店、レストラン、子どもが好きなハンバーガーショップもあります。夏休みや冬休みなど学校が休みのときに家族で旅行して泊まるロッジ、別荘など、ここでも楽しいことがたくさんできるように、多くの商品がそろっています。子どもたちはお話を作って〝ごっこ遊び〟をするので、楽しい思い出が多いシーンをたくさん再現できるようにしてあります。
ここまでが商品上の感性マーケティングです。

『シルバニアファミリー』の感性マーケティング――マーケティング

次にマーケティング上の感性マーケティングについてお話をしたいと思います。マーケティング上、私たちが行っていることは、先ほど申し上げたシルバニアの世界が本当にそこにあるかのように思わせる、この真実性を高める工夫であるといえると思います。

第一に、テレビ宣伝です。テレビ宣伝の中でシルバニアの動物たちは生き生きと動いています。シルバニアの動物たちが本当に動く姿を見て、このとおりの出来事が世界のどこかで起きていると子どもたちが思えることが重要なのです。コマーシャルの中で展開される楽しい出来事のストーリー等々はウェブサイト上や、あるいは紙媒体の会員組織があるところでは会報誌でも展開されています。

それではコマーシャルをご覧いただきたいと思います。

（コマーシャル音声）

初めての出会い、初めてのときめき、かわいいお友達できた。『はじめてのシルバニアファミリー』。

きょうは私のお誕生日。こんにちは。お誕生日おめでとう。ありがとう。シルバニアファミリー。『あかりの灯る大きなお家』。つなげて遊べるよ。

海辺のレストランでお食事。いらっしゃいませ。きょうのおすすめ、ロブスターです。おいしい。また来るね。うん。シルバニアファミリー『海辺のすてきなレストラン』。

こんにちは。どうしたの？　おなか痛いって。大丈夫すぐに良くなるよ。良かったね。お薬よ。みんな大好きシルバニアファミリー『森のお医者さん』。

きょうも皆元気良く幼稚園にやってきました。皆とっても仲良し。お遊戯会も上手にできたね。シルバニアファミリー『森のなかよしようちえん』。

大きな木がツリーハウスになったよ。もっともっと上に登ろう。一番上はどうなってるのかな。シルバニアファミリー『にぎやかツリーハウス』。

きょうはコテージにお泊まり。皆と一緒にいっぱい遊べるよ。見て見て。ワクワクするね。シルバニアファミリー『おとまりファミリーコテージ』。

私の新しいおうちへようこそ。車のおうちだ。皆も私のおうちに遊びにおいでよ。シルバニアファミリー『カーポートのあるあこがれのお家』。

皆で森のスーパーマーケットよ。いらっしゃい。どっちにしましょう。何にしようか迷っちゃう。カートいっぱい。シルバニアファミリー『森のスーパーマーケット』。


たくさんご覧いただきましたが、これらのコマーシャルの製作にあたっては、コマ撮りという技術を採用しています。コマというのは1回1回の撮影という意味で、1秒間には30ものコマがあります。お人形さんを1コマにつき1回ずつほんの少し動かしていくわけですね。最終的にそれら30コマを繋げることでスムーズな動きに見せるという仕組みです。これはとても大変な作業で、たった2秒ほどの映像を作るのに1日かかるそうです。コンピューターグラフィックスを使ったほうがもちろん簡単なのですが、このコマ撮りという人間の手による方法のほうが自然でスムーズな動きが表現できるということでこの手法を用いています。

次に、マーケティングの二番目として私たちが行っていること、それはジオラマです。

写真8　マーケティングツール③シルバニア村マップ

©EPOCH

今日はこの教卓の前に設置しましたが、こういったジオラマと私たちが称しているものを店頭に置くという作業をしています。このジオラマの中では、たくさんの人形がいろいろなことをしていて、この中でいろいろなことが繰り広げられているように再現しています。さまざまな国の玩具売場に足を運ぶと、子どもたちがジオラマに夢中になり、ディスプレイウィンドウにべったり張り付いて離れない光景をよく見ます。そのくらいジオラマは本当にシルバニアの世界があるのではないかというふうに子どもたちに思わせるツールになっています。

三番目はマップです。シルバニアの世界のマップというものを作って、それを表現しているのですが、これも真実性を高めるということに役立っています。お店でも使いますし、ウェブサイト上でも使う。こういうマップがあって、このマップの中に一つひとつの建物があるんですが、こういうものがあることによってそれらが本当に存在するかのように思わせる機能を果たしています（写真8）。

サプライズ――ショコラウサギちゃん、教室に現る

さて、実は、今日はショコラウサギちゃんに来てもらっていますので登場してもらいます。（歓声）

【ショーの司会の女性】 みなさん、こんにちは。今日はシルバニア村からショコラウサギちゃんがやってきてくれました。

さあ、それではショコラウサギちゃんの踊りを皆さんに見てもらいたいと思います。

エブリハピネス！（拍手と手拍子）

EVERY HAPPINESS

作詞・作曲：関由美子

♪

青空を散歩しよう
宝の地図が見つかるはず
あの広場へと続く道
出会えたなら　もう友達さ

LAI LAI LAI LAI…小さな夢でも大事にして
LAI LAI LAI LAI…いつでも君のそばにいるよ

EVERY HAPPINESS　野菜畑も祝福してる
EVERY LONELINESS　君の寂しさも
僕の哀しみも
いつかは幸せにかわる

EVERY HAPPINESS　風も泉も祝福してる
EVERY LONELINESS　パパの温かさ
ママの優しさが
いつでも　君を包んでる

EVERY HAPPINESS
EVERY LONELINESS 〜♪

（作詞・作曲　関由美子先生の承認を得て転載）

（フェードアウト）

【ショーの司会の女性】　はい、どうもありがとうございました！　ショコラウサギちゃんは、お絵かきが大好きなとてもロマンチックな女の子なんです。どうぞよろしくお願いします。

【前田社長】　どうもありがとうございました。またあとで写真タイムをとりたいと思いますので。

写真９　ショコラウサギちゃん、教室に現る

©EPOCH

写真10　ショコラウサギちゃんと写真タイム

©EPOCH

【ショーの司会の女性】 はい、それでは、ショコラウサギちゃんは帰りたいと思います。それじゃあ皆さんまたね。（拍手）

【前田社長】 と、このようにして私たちは感性マーケティングを行ってきております。

『シルバニアファミリー』の「経験を売る」世界戦略

徹底的な美の追求、楽しい出来事を思い起こさせるツールの提供、イマジネーション上の出来事が本当に存在するかのように工夫をしています。こういう徹底ぶりで魔法が解けないように提供しているわけです。このような戦略を日本で確立させてそれをもとにシルバニアの世界共通戦略を推し進め、世界45か国（２０１４年12月現在47か国）で流通させるに至りました。日本同様、商品の最大の付加価値は〝徹底的にかわいく、美しく〟です。この美しさ、キュートな人形、これらは人種を超えて訴える力を持ちます。ヨーロッパの人たちもアメリカ人もアジアの人たちも、ありとあらゆる人種に通用しました。

商品の基本戦略は、商品がコレクションの商品であること、そして基本のマーケティング戦略は次の3点です。第一にテレビ宣伝、シルバニアの人形たちが人間さながらの生活を営んでいるということを表現しています。第二にジオラマディスプレイ。そして第三にマップや今ご覧いただいたマスコットイベントです。子どもたちは「本物のシルバニアのウサギさんに会った」というふうに言うわけです。

ここで、世界中のマスコットショーの様子をご覧いただきたいと思います。そしてロシアの動画が届いているので、そちらもご覧いただきたいと思います。

（動画を放映）

そしてさらに大きな店舗、「コンセプトショップ」と私たちが呼んでいる大型のお店では、シルバニアの売場を店頭でコの字のように囲んで、シルバニアの世界を作り出しています。こういうコンセプトショップを世界中につくっています。これは日本のトイザらス、そして韓国のトイザらスですね。シンガポール、マレーシア……。マレーシアにはたくさんのコンセプトショップがあります。続いてインドネシア。これはつい最近フランスでつくったコンセプトショップです。これら各国で行って成功を収めてきました。

このような活動を25年以上日本とイギリスで行った結果をトレースしたいと思って、日本とイギリスでアンケートを採りました。日本、イギリスでのシルバニア経験者、非経験

資料2　日本と英国の結果比較　シルバニアで遊ぶことのメリットは？

日本		英国	
1. 想像力が豊かになる	65.5%	1. 想像力が豊かになる	82.9%
2. やさしさや思いやりが育まれる	49.5%	2. 創造力がつく	71.4%
3. 創造力がつく	48.0%	3. 落ち着きが出る	59.0%
4. インテリアへの興味がわく	45.0%	4. 家族愛が育成される	47.6%
5. 情緒が豊かになる	44.5%	5. 情緒が豊かになる	47.6%

「想像力が豊かになる」がトップに

者200名ずつのアンケートをまとめた結果がここにあるような感じです（資料2）。

いずれの国でも〝ソウゾウ力〟、想像力と創造力の2つのソウゾウ力が身についた、情緒が豊かになった、優しさ、思いやりが育まれたという回答が多数見られました。母親になっているシルバニア経験者の方の回答に、「あの時代、幸せの疑似体験をしたように思う」とありました。私たちは経験を売っている、あるいは変身する力を売っているのだとこれまで思ってきたのですが、この母親の答えこそが経験を売っていることを証明してくれていると思います。

私は児童発達学の観点からみたシルバニ

アの持つ価値は、幸せの描き方を自然に学ぶことで幸せになろうとする力をつくり出し、他人への思いやりや優しい心を育み、豊かな人間性をつくり出すことだと考えています。本日の話の前半で、二世代化というのが玩具業界が持つ重要な付加価値になってきたと申し上げました。父と息子、母と娘が玩具の価値を共有することができるようになってきたことが玩具の重要な価値とみなされるようになってきました。この二世代化、二世代化消費というのは、たとえば、母親自身の実際の経験から来るベネフィットが後押しをすることによって、母と子どもの商品として買ってもらえることです。

子ども時代にすごく好きだったのに、大人になってその商品を見たら大したことなかったという例もたくさんあります。私たちはそれではいけないと思っています。つまり、消費者が大人になっても、母親になっても、魔法が解けてはいけないわけです。そのためにシルバニアは徹底的な美の追求を行い、大人の鑑識眼に耐えうるクオリティーを保つようにしています。その点でシルバニアは玩具の領域を超えた玩具といえます。母親になっても魔法が解けないように工夫して、母親が率先して購入してくれるように工夫しているわけです。女性が何歳になっても愛せる存在であり、エバーグリーンな商品であり続けようと取り組んでいます。その結果、日本とイギリスでは25年を超えるベストセラーとなり、世界45か国（２０１４年12月現在47か国）で販売され、成功しています。

最後に、最近ツィッターを使って行った、大人の消費者の方を対象としたシルバニアの写真コンテストの作品を紹介したいと思います。消費者の人たちがいかにシルバニアの世界を理解してくれているかということがよくわかります。子どもの年齢を超えても魔法が解けていない人たちの作品だと思っています。

本日はどうもありがとうございました。（拍手）

質疑応答

【司会（長沢）】 どうもありがとうございました。それでは、せっかく前田社長と太田専務、シルバニア本部長の川島取締役らエポック社の皆さんにお越しいただいていますので、質疑応答、あるいはコメントをお願いします。

【質問者１（尾崎）】 尾崎と申します。お話ありがとうございました。２つ質問があるんですけど、まず一つ目が、このシルバニアファミリーを売り出された一番最初のときなんですが、企画された段階で、なぜ動物を擬人化したものを売り出そうと思われたかということと、次にその企画する段階で最初から海外展開を考えられていたかということをお聞きしたいと思います。

なぜこういう質問をするかというと、前田社長がおっしゃった、シルバニアファミリーの特徴のかわいいっていうことと、擬人化っていうところです。それはすごく日本的、何か動物を人間に見立てるということとか、かわいいものを愛でるというのは日本的な感性で作られているので、こういう日本的感性に従って作られたものというのは西洋ですごく受けるのは目に見えていたのではないかなと感じました。そこで、最初から海外展開を考えられていて狙っていたのかなということをお聞きしたいと思います。

【前田社長】 最初のご質問の、商品ができてきた経緯についてですが、この商品は1985年発売なんですね。先ほどちょっと触っていただいたこのフロッキングという肌触りの技術そのものは世の中にそれまでもあったわけですが、玩具に使うにはコストが高すぎました。しかし、ようやく玩具商品でも比較的手に届くぐらいの価格帯にまで落ちてきそうだということで、その技術を使って商品を作ってみようということになりました。この肌触りからいって動物がいいのだろうなということで動物が選ばれています。

そういうことがある一方で、西洋にはドールハウスという概念がもうずいぶん昔から、おそらく貴族の親、子ども、孫にといった具合に代々伝えられたものらしいのですが、そういう遊びというかコンセプトがあって、そのドールハウスの商品をやってみたいというのは常々考えていて、当社も何回もチャレンジしては失敗していたということがあったんですね。

そんな中でこのフロッキングの技術とドールハウスのコンセプトを合体させるとうまくいくかもしれないと考えるようになったそうです。このお人形自身を作ることはできたとしても、それをどう生かすかが難しいところなのですが、それをそのときの開発者たちは子どもの世界を具現化させていきたいと考えました。するとお父さん、お母さんという身近な家族にお友達というのが一番近いところで、それにしていこうということで、動物でありながら家族がいる、というこのファミリーというコンセプトが出来上がって、ファミリーであればドールハウスの中に住んでいてもおかしくないよね、ということでアイデアが固まっていったみたいです。

商品が発売されるまで正直どれだけ売れるか本当にわからなくて、おっかなびっくり。しかもかつて当社は野球盤で有名な会社で、どちらかというと男の子向け玩具が得意で、女の子向けのマーケティングは本来不得意なはずだったので、そういう意味では恐る恐る商品化したのですが、商品化した途端ものすごい勢いで売れてしまって。玩具マーケットはある意味狭いマーケットですから、日本で売れれば当然海外の人たちの目にも留まるということで、海外で売りたいという話がすぐに入ってきました。

海外でも通用するかどうかということも本当はわからないところからのスタートだったのですが、ドールハウスそのものは西ヨーロッパで大変有名なコンセプトでしたので、受け入れられる素地はありました。かつ、人形自身がかわいくでき、そのかわいさと肌触りの良さに非常に先進性がありました。おかげでヨーロッパの国々でも受け入れられたみたいです。私たちももちろん海外まで売れればいいなと思ってスタートはしていますが、最初から売れるはずだといえるほどの自信はなくスタートした状態でしたね。ただ思いのほか日本で売れたので、それを海外に持っていったら売れてしまったという結果で、そういう意味では予想外のことがたくさん起きたというべきだと思います。

【質問者1（尾崎）】 ありがとうございました。

【司会（長沢）】 尾崎さんの質問は、日本的にかわいいものは、今でいうと「日本、かわいい」は世界に通用する言葉でもあるから、日本でかわいいものは世界で売れて当然だということでしょうか。

【質問者1（尾崎）】　ちょっと私の話をしますと、修士論文で、日本の美意識の様子だとか変遷を統計的に表そうというのをしていまして、いろいろ調べていくと、そういう日本的な感性というのは19世紀のヨーロッパで、浮世絵だとか、着物だとか、すごく爆発的に受けたという経緯があるようです。そういう日本的な感性が西洋にはないので、西洋の人は日本的な感性のものでできた商品を見ると、あるいは商品じゃなくても工芸品だとか見ると、ものすごく驚く、熱狂するというのが歴史上あったので、そういうのもあえて日本的な感性で狙って作られたのかなっていうのが質問の意図です。そもそも企画されている人は日本人なので、もともとあった日本人の感性で海外を目指したのでしょうか。

【前田社長】　商品を発売しているのは28年前（講演時）ですので、そのころから比べると徐々に進化しているわけですね。ですので、正直いって最初の段階は今ほどかわいくないところからスタートしています。私たちのかわいくする技術にある種の磨きがかかっていくにつれて、海外の人たちから見てもよりかわいく感じるように出来上がっていったという部分もあると思います。

それから日本の玩具は、やはりとても奥が深いんですね。私たちからみると西洋の玩具は割合浅いんですね。それもたぶん、いろいろな違いがあるのですが、奥の深い商品は深い部分でも楽しめるし、浅い部分でも楽しめるというところに強みがあるみたいで、日本でそこまで深めた、あるいは極めたものを、海外の方々がどこまでわかってくれるかわからないのですが、でも、浅くも深くも楽しんでもらえるというところに、どこに持っていっても取りあえず通用するという部分はあるような気がします。そこの部分はよくわからないんですけども、でもクオリティーが一番厳しいのは日本だという話はよく聞くので、こういう商品なんかも同じ商品を作っているはずですが、細かいところでクレームがつくとしたらやはり日本なんですね。そして、徐々にどうでもいいマーケットはどうでもいいというか、求める品質のレベルが少しずつ落ちるという意味ではやはり日本の消費者が一番厳しいものを要求しているのは事実なので、私たちはそこで鍛えられたものを海外に持っていけるというメリットがあるのは事実です。

たぶんかわいいと日本でいわれている概念が海外で通用しているのも、やはり日本のものは本当に深みがあるんだと思います。もちろん遊びの世界なので、浅く遊ぼうと深く遊ぼうとそれは消費者の勝手で私たちは一向に構わないのですが、しかし、どこに行っても通用するということは大事なことなので、そういう意味で、消費者の目の厳しいマーケットでやらねばならない。日本で育てられて、鍛えられて商品が出せているということが、結果的に私たちには良いことになっているような気がします。もしかしたらかわいいというのは映像の方面などでも、そういう意味で厳しい日本のマーケットで一定のハードルはあると思うんですね。それが越えられないと海外でも駄目というか、越えていれば海外で通用するということがたくさんあるのかもしれません。

【質問者1（尾崎）】 ありがとうございます。

【司会（長沢）】 では少し広げてお聞きすると、たとえばイギリスで売れているのは、これが日本の「カワイイ」のシルバニア人形だからでしょうか。要するに、どこまで日本ということで売れるのでしょうか。

【前田社長】 いや、イギリス人たちはイギリスの商品だと思っていますね。

【司会（長沢）】 要するに日本のカワイイはイギリスでもカワイイということでしょうか。

【前田社長】 そういうことだと思います。どうやらこの顔は万国共通でかわいいと思ってもらえるらしいです。そういう意味では彼らは自分たちの商品だと思っていて、日本の商品だとは思わずに買っていますね。

【司会（長沢）】 なるほど。ほかに質問は。

【質問者2（田宮）】　お話ありがとうございました。田宮と申します。開発の先ほどのクオリティーに関するところですけれども、たとえば顔をちょっと改良しようと思ったときに、御社の中では、女性側からそういう女性の視点で考えられているのか、そういうのは関係なしに男性、女性で、たとえば改良チームというのがあって、顔とか形とかを改良していくのか、その点ちょっとお聞きしたいと思います。

【前田社長】　基本的には開発している人は確かに男性も女性もいるわけですが、消費者の大半が女性ですから、女性から見てかわいくなければ駄目なことははっきりしています。今の時代はＣＧを使っていろんなものでトライアル＆エラーができますので、いろいろ試行錯誤した中で、これであればＯＫだろうと。もちろんそれもまた３次元に作ってみたりしていくわけですけれども。ただ開発の部署には男性も女性もいるので、男性の目から見ても女性の目から見てもかわいいということでないと、たぶん駄目なんだろうとは思います。開発の責任者がこちらにおりますけれども、どうでしょうかね。

【司会（長沢）】　それでは、シルバニア本部長の川島さんにお願いします。

【川島取締役】　シルバニア本部の川島と申します。人形を作るときには、多くの目で見て皆がかわいいというものができるまで何回も作り直しています。発売の日が決まってはいますが、多作しないで、とにかく納得するまで、最後までできてもまた粘土から作り直したりということをやっております。誰かが見てすごく好きだというようなものは、他の方から見ると、なんかあまりこの顔は好きではないなと好き嫌いがはっきりするのですが、『シルバニアファミリー』の人形の場合は、誰が見ても好きだというふうな顔になるまで何度も何度も作り直しています。答えになっているかどうかわからないですが。

【司会（長沢）】 私が社外取締役として出席している役員会でも出ていた話題ですけれど、単純なようだけど難しいそうです。たとえば偽物、偽造品が出てきても、かわいくならないいんですって。単純なようだけどもなかなか真似できないそうです。

【前田社長】 逆にいうと、やはりその「かわいい」の原型が何種類かあって、そこからの発展系が比較的商品になりやすくて、たぶん本当は一定のルールはあるんだと思います。しかし川島が申し上げたとおり、万人が見てかわいく作らないといけないので、そういう意味ではなんらかのゴールデンルールを満たしているのではないかと思います。

【太田専務】 パッと見たときにシルバニアだとわかるようにしたいんですね。どんな動物の場合も。これはブランド性だと思うんですけれどもね。だから今もめているのが、オーストラリアのカンガルーですね。われわれが作ったカンガルーはシルバニアらしいカンガルーなんですよ。でもオーストラリアの人は「これはカンガルーではない」と言うんですね。リアルに作るとか、かわいく作るとかということでもあるのでしょうけれど、ブランドとしてパッと見たときに、「あ、『シルバニアファミリー』の仲間だ」と思うかどうかですよね、川島さん。最初、彼が自分で粘土で作り始めたというのはそこだと思うんですけどね。

【質問者3（矢加部）】 貴重なお話と楽しいショーまで見せていただいてありがとうございました。私自身は遊ばせていただいたことはないんですが、大人の女性のコレクターが実は多いっていう話を聞いたことがあります。今日のお話を伺うと、なるほどこれだけ徹底して作ってらっしゃるから、やはりそういうところに大人も魅力を感じるんだなと納得いたしました。

海外展開をされている中で、感性マーケティングをしていると、国によって受ける感性というか、違ったりしないのかなというのがちょっと疑問であったんですね。たぶん人間でなくて動物だということが、どこでも受け入れられやすいベースだとは思うんですけど。人種を特定しないという意味でも。ただたとえばお家だとか、外の部分を展開するところでお国柄とか、どういうふうに選択をなさりながら商品開発というか、商品の展開をされているのかなというふうに疑問に思ったんですが、それはいかがでしょうか。

【前田社長】 基本的には森の中にあるという設定なので、森にいておかしくないということがなんとなくの前提です。それから時代背景も、子どもにわかりやすくいうと、おじいちゃん、おばあちゃんたちの時代というような設定にしてあって、少しレトロにしてあるんですね。ただそうはいっても、もちろん今は車もあり、テレビもあるのですけれども。ですので、今の子どもから見て自分の周りなんですけれども、ちょっとだけ古くしてあるという設定にすることによって、いろんなことを少しずつ曖昧にすることができると思っています。それから古き良き時代の部分があって、やっぱり昔は良かったよねと皆が思っている部分も私たちとしては若干利用しているかもしれません。それから都市化する以前の農村時代の良さというのをなんとなく彷彿とさせるというふうにしているような気がして、それによって共通項を求めやすくしているということを、意識しているかしていないかわからないのですが、あるように思うんです。

確かに動物は国によって多少好き嫌いがあって、先ほどスライドに出ていたヘッジホッグ、つまり、はりねずみがいるのですが、はりねずみが日本人にとってはあまり、そんなに自分たちの周りにいない動物で親近感があるわけではないのですが、どうやら西ヨーロッパに行くと大変親近感があるらしくて、特に森には実際にいて出会うらしいんですね。そうするとロシアや北欧、特に北のほうの国々はヘッジホッグが大好きでウサギの次に売れるみたいな、そういう国もたくさんあるんですね。そういう意味ではヘッジホッグが一番売れる国と売れない国がはっきりしているのですが、でもやはりそれこそオーストラリアではカンガルーやコアラは売れやすい、羊もニュージーランドでは売れやすい。私たちは、羊はニュージーランドでいいのかいけないのか議論したのですが、結果的にはやはりたくさんいると子どもたちにとっては親近感があるらしく、売れるんですね。

そういう多少の間合いはあるのですが、逆にいうと、そういう状況なので、特にウサギをメインにしてネコとリスをサブにしてという、ヘッジホッグもサブなんですが、あえて女性的な印象の強い動物を主役格に持ってきて、その他の動物たちは脇役に置くということにしています。国ごとの好き嫌いを入れ過ぎてしまうとバラバラになってしまって、シルバニアの世界観が崩れてしまう可能性があるので、そういう意味で女性的な商品というところに一番焦点を当てて、小動物ですね、一番フェミニンな感じのする動物をなるべく主役級に据えています。その動物たちは長く売場にいて、そうでない動物たちは2、3年ごとに消えていくというような、でも当然、象がいたり羊がいたりして構わないので、そういう動物を時々出しては消し、出しては消しという、そんな工夫をしています。

ローカライズももちろん認めますが、なるべく共通戦略を主軸に置いて、ローカルはローカル戦略を少しずつやりますという感じにしています。やはりやっていくと共通戦略を持っていることがどうも強いみたいなので、共通戦略とローカライズを8：2くらいの配分にして、お国柄を生かし過ぎてもいけないという感じでやっています。

【質問者3（矢加部）】 ありがとうございます。

【質問者4（安達）】 安達と申します。よろしくお願いいたします。去年の娘へのクリスマスプレゼントは『シルバニアファミリー』でした。今日は人形を一つ頂けたので、非常に嬉しく、ありがとうございます。

今日改めてお話を伺って感じたのは、非常に日本の感性、技術が凝縮されて詰まったブランドのように感じました。特に触ってみた質感がすごい繊細であったりだとか、一つひとつのパンですとかフォークですとか、そういう細かなところまで配慮した日本の英知が詰まったブランドだと私は思います。ただ、一点非常に残念に思いますのは、どこにも日本製と書いてないことです。

今イギリスに行ったらイギリスの物だと思う、ロシアだとロシアの物だと思うっていうのは、僕は結構なことだと思うんですけれども、箱を見てもメイド・イン・チャイナとありますね。やはり原産国を移転させるというのは、ブランドにとって致命的なことだと思います。

たとえばご講演でも触れられていましたキティちゃん。実は私、以前エルメスという会社に在職していました。そのときエルメスの幹部が日本に来ると、真っ先に行くのは『ハローキティ』の直営店なんですね。フランス語読みにしますとHを発音しないので「エロキチ」っていうんですけど（笑）。そこの店に行って、メイド・イン・ジャパンの『ハローキティ』の物を買ってお土産に持っていくというのは、エルメスの幹部をはじめ、観光客の間で人気があるようです。

御社のカタログを見ていると、「トゥ・ビー・グローバル」という箇所があります。もっともっとグローバル化して、世界の人に受け入れてもらおうという一つのスローガンであり、会社の今後の方向性だと思うんですけれども、そういった点で原産国がメイド・イン・チャイナというのは私はちょっと致命的だと思います。やはり今後の日本のものづくりという中の『シルバニアファミリー』というブランドをもっともっと強く太く発信していくには、メイド・イン・ジャパンということが日本のものづくりであり、技術の凝縮だと思います。実は私の妻もシルバニアの玩具で育ちまして、妻が持っていたメイド・イン・ジャパンの『シルバニアファミリー』のような形で日本で作ることは考えていらっしゃるのでしょうか。

【前田社長】 残念ながら、玩具の商品はもはや日本では作れないです。これにはいくつか理由があるのですが、おもちゃの価格帯というのは一定の価格帯に決まっているわけですね。だいたいクリスマスで消費していただけるのが5000円、頑張って1万円というところなんですね。普段の生活では1000円前後が多くて、もちろんシルバニアが好きな方々は、3000円未満であれば衝動買いをしてくださいますが、それが玩具の置かれている現状なんですね。そこのゾーンに収めていくにはもはや日本では作れません。

それはコスト面で作れないというのが最大の理由ですが、それに加えて、玩具産業にはいくつかのインフラが必要なのですが、たとえばプラスチックを成形していく成形屋さんであったり、それからお洋服を作っていく縫製屋さんであったりを、日本でやっていってはコストが収まりません。日本でもし工場をやると、やはりワーカーの賃金はたぶん中国の10倍にはなってしまうであろうというところから考えると、それはもう玩具の価格帯ではないものになってしまうんですね。価格がそうである、コストがそうであると同時に、もはや日本にそういうインフラが残っていません。

私どもも30年ぐらい前に日本にあった工場を閉めて、台湾を経て中国に入っているのですが、栃木県におもちゃ団地という場所があって、昭和の40年代はほとんどのメーカーがそこで作っていたんですね。それより以前は、私もさすがに知らない時代なので、先輩に聞いたところでは葛飾区で作っていたらしいのですが、昭和40年代は栃木県の壬生の辺りにおもちゃ団地を造って、国内で玩具が生産されておりました。そのころは日本の賃金はそれで合っていたわけですね。それがプラザ合意以降どんどん円が高くなるという状況になって、そのために、玩具産業はとうの昔に日本では作れない状況になって、台湾か韓国を経て中国に入っていきました。

実はそれと同じことは西ヨーロッパでもアメリカでも起きていて、アメリカのメーカーたちはメキシコで作っていて、その後中国に入っていった。ヨーロッパのメーカーたちは東欧で作っていて、その後中国に入っていっている。ほぼ全世界的に中国あるいは一部タイであったりと、おそらく全体の85パーセントぐらいが中国で生産されているという業界なんですね。逆にいうと、香港からちょっと入った、中国広東省の深圳《シンセン》の辺りに何千という玩具の工場がありますが、そこには世界中のインフラがそろっています。

私たちも直営工場があるのですが、玩具の工場というのは、どうしても12月に大きな山が来る関係上、どうしても生産の山がどこかに来るわけです。そういうときに仲間の工場に依頼したいということが起きてくるので、工場は群になっていることが、やはりメリットがありますね。そのためにその地域に何千という工場ができていると。そこで一定のインフラができてしまって、世界中からそこに発注が行って、世界の工場状態に中国は今なっています。そのためにいろんなものの効率が良くなってコストもこなれてしまうということが実際に起きているわけですね。中国の中でもちろんクオリティーの高いものも低いものもあります。

私たちは5年ほど前に工場を直営化しているのですが、それ以前も香港人の資本の工場で作っていたのですが、その時代から日本から人を派遣して、結局メイド・イン・チャイナですが、デザインド・バイ・ジャパンと、日本人のデザインによって日本人のクオリティーコントロールによって作るということをずっとやってきています。5年ほど前から工場を直営にして、今は2か所が主力工場になって、両方とも直営工場でワーカーさんは中国人を使っていますが、企画、デザインから品質のコントロールまですべて日本人のスタイルで行っています。そういうわけで玩具業界の人たちは、中国で作ることがスタンダードになっていることを理解していて、そうでないとコストがうまくいかないということも理解しているので、メイド・イン・チャイナで当たり前だと思っているという状況なんですね。

そういう意味で、ラグジュアリーブランドに比べるとそういうことはできないという環境に置かれているということだと思います。仮に日本で作れば物理的に作れるかもしれないし、作れてもたぶん値段は5倍ぐらいになってしまうのではないかという状況なので、もはやそれは玩具ではなくて、コレクターにとっての何かギフトであれば可能なんですが、それではマーケットにならないんですね。玩具の中でもやや高級玩具と呼ばれる部類は、レゴに代表されるいくつかのブランドがあって、私たちもその中の一つなわけですが、そういう会社もだいたい皆さん直営のところが多いですが、でもやはり発展途上国で作ることは仕方がないなと思って作っている状況ですね。逆にいうと、中国で作ったからといって品質が悪くなるということではなく、圧倒的に日本の会社で、日本人感覚で日本的な管理を行って、日本の品質でもって作り上げるということをやっていると思います。

生産担当の専務も来ておりますので、補足してもらえますか。

【太田専務】 生産担当の太田です。これは議論が白熱すると思うのですが、クールジャパンというのと、メイド・イン・ジャパンがイコールかという問題はありますよね。売る側がグローバル化しているということは、逆にいえば作る側もグローバル化するんですよね。要するに、中国で作っているのではなくて直営工場で作っているわけですね。そのため、エポック社にロイヤルティを感じ、『シルバニアファミリー』にロイヤルティを感じる人たちにわれわれはどのように製造を依頼していくかということが問題になりますね。日本で作ることだけが日本ではないんじゃないかなと思います。

今、縫製に関しては、日本は工賃が高いわけですが技術的に進んでいるということで、日本の縫製工場とも手を結んでいろんなことを教えてもらっています。そういう点では世界のノウハウをどうやってわれわれの直営工場に取り入れるかということが重要であって、あまりメイド・イン・チャイナかメイド・イン・ジャパンかというこだわりには限界があるかなと思うのですがどうでしょうか。

【司会（長沢）】　難しい問題ですね。

【質問者4（安達）】　どこの国のものなのかっていうことがわからないですよね。たとえば、エルメスを見るとフランスの技術を思い出したりですとか、やはりコーチを見たときにアメリカの伝統芸を思い出したりします。メイド・イン・チャイナのコーチ製品を見ても、やはりアメリカを彷彿とさせる野球のグローブのイメージが非常に失われていく感じがします。だからエポック社のシルバニアでも、日本のはずが日本でなく、原産国はどこにあるのかっていうイメージが付きにくくなって、じゃあこのブランドはどこのブランドなのかなっていう、そういう限界があるのかなと感じました。

【司会（長沢）】 前の質問ですが、イギリスの人は、日本でかわいいからイギリスでかわいいでなくて、イギリス人の子どもが見てもかわいくって、あんまり日本のメーカーだと思っていないとの話でしたから、その意味ではあまり問題にならないですね。

【前田社長】 たぶんそういう意味では子どもの商品なので、原産国がどこということは子どもにとってはあまりどうでもいいことなんだろうと思います。

【太田専務】 親の世代からすると、おっしゃったとおり日本に対するイメージとか中国に対するイメージというのがありますから、それはそうかなと思いますけど、いま前田が申しましたけど、子どもたちにとってメイド・イン・チャイナかメイド・イン・ジャパンかというのはあまり関係はないですね。ただ「なぜメイド・イン・チャイナなのにそんなに高いんだ」と言われると、それはつらいですね。それはやはり日本がプロデュースしているからだと申し上げたいです。あるいはコレクションしていただくにつれ、それなりに高額になってしまうんですね。一つひとつはそんなに高いと思わないのですが、やはり一度買ってしまうと留まれないとなると、5万円、10万円にもなってしまうというところが高額商品かなと思います。

【司会（長沢）】　ありがとうございます。本来の定刻ではありますが、もし再度質問があれば。

【質問者5（寺﨑）】　本日は貴重なお話ありがとうございます。寺﨑と申します。一つ質問がありまして、感性価値というのは非常に見えにくいものかと思うんですけれども、ということは目標のセッティングも結構難しいと思います。たとえば、テレビだったらきれいに画面が映る、パソコンだったら立ち上がりが早いですとか、客観的な目標を設定しやすいと思います。それに対して、そういう「かわいい」という主観的な目標をなぜ、どのように設定されているのでしょうか。もし何か工夫されていることがありましたら教えていただきたく思います。

【前田社長】　そうですね。やはり子どもにとって好きだという気持ちと、これで遊んで楽しいということを実現できるということはどうしても必要なことなんですね。好きだという気持ちはすごく強い気持ちで、それを継続させることが重要です。

シルバニアで遊んでいて、あるときリカちゃんやほかの何とかで遊んでいても、またシルバニアに帰ってくるという、それは愛情を注ぐということみたいなんですが、その好きだという気持ちを持ち続けてもらえると、3歳のときに遊んでも、また4歳でも5歳でも遊んでくれるんですね。普通の商品で3歳で遊んだ商品を8歳になっても遊ぶというのは信じられないことなのですが、気持ちを保てるということみたいなんです。好きだという気持ちを持てる、それで遊んで楽しいという気持ちを持てる。そのためにはそういう環境を整備するということだと思うのですが、ごっこ遊びをして楽しいとか、親と何々して楽しいという気持ちを持てるということを継続させ、蓄積させることによって、だいたい3歳からこういうことを始めるのですが、この子たちがずっと遊んでくれるんですね。どうやらそのような気がします。ここに気持ちを入れられるという、それにはかわいくないとそこまで感情移入できないし、そこでやっていることを楽しんでこそ自分の中にきちんとインプットしているんだと思いますね。

その記憶を焼き付けさせておくことがどうもわれわれにとっては大事なことみたいです。13歳になっても15歳になっても捨てないでとっておいてくれている。出窓に飾っていますみたいな状態で。最後押し入れの中にあるんだけど捨てられない。「いい加減にしなさい」と母親に言われると、友達にあげたとか、姪っ子にあげたとかというふうになっていって、次のコレクションが始まるのですが、そこでどうもかわいいとか好きだとかいう気持ちにさせることがわれわれにとっては非常に重要なことのように感じています。答えになりましたでしょうか。

【質問者5（寺﨑）】 もちろんです。

【司会（長沢）】 そういうところをさらにいえば、社長も決して8歳とかではないわけだし、女性社員がいても年齢が違うわけだから、その子どもの気持ちというのはわかるのでしょうか。

【前田社長】 たくさんの女性社員たちが開発にあたって、実際にそういう気持ちになるということが必要だと思うんですね。玩具会社の人たちは基本的に、そういう気持ちであることに慣らされて仕事をしてきているとは思うので、30代でも40代でも50代でもそのときの気持ちをなるべく持とうと。あとはもちろん自分の子どもに遊ばせるというのもとても大事なモニターで、それもあります。ただ、なるべく自分たちがそういう気持ちをどこかで持とうという姿勢をできることならば失わないでいるということが大事なことだと思うんですけどね。

【司会（長沢）】　そのために何か社長として社員が子どもの心を失わないようにするための工夫はありますでしょうか。

【前田社長】　すでに玩具の商品としてマーケットにあるものを開発しても仕方がないと私は思っているので、本当は玩具になる前の楽しい経験をたくさんすることが実は大事だと思っています。人々のｗｉｓｈをかなえてあげるのが玩具の存在で、現実の世界ではできないけれども玩具にすればかなえてあげられるというのがとても大事なことなんですね。シルバニアの商品（ハウス）は、一軒家は持てないけれども、一軒家に住んだ気持ちにさせるという商品なんです。大人的にもｗｉｓｈだと思っていることを、玩具の世界だからかなえてあげられると。そのためには、どれほどたくさんのｗｉｓｈをかなえられるかどうかわからないけれども、そういう気持ちを持つということを皆にやってもらう。手前味噌ですけれども、2、3年に一度は社員全員とグアムなどへ社員旅行に行っています。それがこれに役立っているかはわかりませんけどもね。

【司会（長沢）】　はい、まだ質問があろうかとは思いますが、もう所定の時刻を過ぎていますので、これで締めさせていただきたいと思います。前田社長とエポック社の皆さま、どうもありがとうございました。（拍手）

2

株式会社スノーピーク
――「好きなことだけ！」を仕事にする経営

ゲスト講師：株式会社スノーピーク　代表取締役社長　山井　太氏
開催形態：株式会社アルビオン寄附講座「感性マーケティング論」〈第7回〉
日　時：2014年10月20日
会　場：早稲田大学早稲田キャンパス3号館602教室
対　象：WBS受講生

●会社概要●

株式会社スノーピーク

代表者：山井　太（代表取締役）
設　　立：1958年7月
資本金：99,520千円
従業員数：192人（2014年12月31日現在、連結）
連結売上高：5,559百万円（2014年12月31日現在、連結）
連結経常利益：272百万円（2014年12月31日現在、連結）
本社所在地
　〒955-0147　新潟県三条市中野原456番地
　TEL　0256-46-5858
主な事業：アウトドアライフスタイル製品の企画開発、製造、販売
種　　目：アウトドアライフスタイル製品の企画開発、製造、販売、キャンプ場運営事業【HEADQUARTERS Campfield（新潟）、箕面 Campfield（大阪）】、障がい者就労支援事業（子会社 株式会社スノーピークウェル）
店　　舗：国内53店舗（2014年12月31日現在）
　直営店7店舗、インストア46店舗
　海外9店舗［韓国3店舗、台湾5店舗、米国1店舗］
　（2014年12月31日現在）

山井《やまい》　太《とおる》社長　略歴

1959年生まれ
1982年3月　明治大学商学部卒業
同　年4月　リーベルマン、ウェルシュリー& CO. SA 入社
1986年7月　株式会社ヤマコウ（現株式会社スノーピーク）入社
1989年1月　株式会社スノーピーク取締役事業部長
1992年1月　株式会社スノーピーク常務取締役
1992年8月　株式会社スノーピーク代表取締役副社長
1996年12月　株式会社スノーピーク代表取締役（現任）
2008年11月　Snow Peak Korea, Inc 代表理事
2012年5月　株式会社スノーピークウェル代表取締役（現任）

著書：『スノーピーク「好きなことだけ！」を仕事にする経営』（日経BP社、2014年）

本日は、ＷＢＳ受講生の皆さんにお話しする機会をいただきましてありがとうございます。大変光栄に思っています。今日は皆さんにいくつかのパートに分けてお話しします。最初に「ミッション」という、私たちスノーピークが一番大事にしている企業理念のお話をさせていただいて、そのあと当社のブランド戦略について、大ざっぱに「誰に」「何を」「どう売るか」のような内容で、スノーピークの事業を分解して皆さんにお知らせをしようと思っています。あとは、これまで取り組んできたことを写真などを使って、少し追跡するような形で進めたいと思います。後半は質問をお受けしたいと思います。せっかくの機会なので、ぜひよろしくお願いいたします。

コンパスとしてのミッションステートメント

これはアウトドアで使用するコンパスです（資料1）。コンパスというのは、ぼんやりした日本語でいうと方角を示す道具ですが、もう少し厳密な日本語でいうと、「真北」を示すものということです。

資料1　志・ミッション　シンプルだけど最も大切なこと

あなたの真北の方角はどちらですか？

スノーピークでは私達の志や創業の精神を明確にし、
いつも意識して経営できるように、
経営理念 Mission Statement を作成し、
私達の顧客や協力者にも公表しています。

皆さんビジネスパーソンでいらっしゃって、MBAを学んでおられるので非常に優秀な方々が集まっていらっしゃるとお聞きしていますけども、皆さんはお仕事やご自身の人生における真北の方角をしっかりとつかんでいらっしゃいますか？　見た目とは違って私はとても優柔不断な人間なので、私みたいなタイプは進むべき方向やたどり着くべきところがはっきりしていないと低いほうに流れちゃって、ゴールにたどり着かないいんです。なので、今も十分小さいんですが、スノーピークが今の10分の1ぐらい小さいときにミッションステートメントを書きました。

繰り返しになりますが、人より私は優柔

不断な人間で、真北の方角をちゃんと明確にして公表しておかないと、また、周りからのプレッシャーがないと動けないタイプなんです。今だとユーザーさんとかビジネスの先輩方から、私が道を外そうとすると、真北の方角から逸れていないかとか、ミッションステートメントの精神に反しているじゃないかとか、いろんなお叱りをいただくことで方向修正ができるんです。皆さんは違うかもしれませんが、仮に私みたいなタイプの方がいらっしゃったら、ぜひミッションステートメントを作ってみてはいかがでしょうか。ご自身のミッションはもちろん、皆さんが属していらっしゃる部署とか、そのメンバーの方々と一度自分たちのミッションは何かを明確にし、それを書いてみてはいかがでしょうか。また、皆さんが、同業他社のいる競争の厳しいマーケット環境で仕事されているのであれば、同業他社との差別化を図る一つの重要な武器にもなるはずです。

当社のミッションステートメント「The Snow Peak Way」（資料2）を作ったのは、先ほど申し上げたように、当社が年商5億円程度、社員数15人のときです。今から25年ぐらい前です。

一つ目の文章「私達スノーピークは、一人一人の個性が最も重要であると自覚し、同じ目標を共有する真の信頼で力を合わせ、自然指向のライフスタイルを提案し実現するリー

資料2　The Snow Peak Way

私達スノーピークは、一人一人の個性が最も重要であると自覚し、
同じ目標を共有する真の信頼で力を合わせ、自然指向の
ライフスタイルを提案し実現するリーディングカンパニーを
創り上げよう。

私達は、常に変化し、革新を起こし、時代の流れを変えていきます。

私達は、自らもユーザーであるという立場で考え、お互いが
感動できるモノやサービスを提供します。

私達は、私達に関わる全てのものに良い影響を与えます。

ディングカンパニーを創り上げよう」。この文章、すごいと思いませんか。たった年商5億、社員15人、まったくブランドなんて確立されていないときにこのミッションを書いたんです。社員15人全員で意見を出し合ってです。

具体的には、たまたま私の知り合いがリクルート社にいて、同社の提携企業が、『7つの習慣』の著書で有名なスティーブン・コヴィー博士の研修を、アメリカから日本に導入していて、その研修を日本で一番最初にスノーピークで実施してもらいました。その研修を通じて学んだことをヒントに皆でミッションステートメントを書いていきました。

15人のメンバー全員、「私はビジネスパーソンとして」とか「父親として」「母親として」「PTAの役員として」「地域社会の一員として」などさまざまな視点でのミッションを書きました。そのうえで、さらに部署ごとのミッションやそれぞれメンバーごとの仕事内容に沿ったミッションを出してもらい、それらすべてのミッションを私が取りまとめて、私の気持ちも少し入れて最終的に今のミッションステートメントを作り上げました。なので、会社が小さいときに社員全員が自分も参加して作ったという気持ちが強く、ミッションステートメントに対する思い入れも大変強くすることができたと思っています。

次に「私達は、常に変化し、革新を起こし、時代の流れを変えていきます。私達は自らもユーザーであるという立場で考え、お互いが感動できるモノやサービスを提供します。私達は、私達に関わる全てのものに良い影響を与えます。」ということで、この文章は、こういうことが結果的に果たせる会社に絶対にするんだという強い思いで書きました。私は1986年に父が経営する会社に入って、そのときの売上が5億円でした。主には釣り具の雑品を作っていて、その売上が4億円程度。ヘラブナを釣るときの台や燕三条で作っている鋏やペンチなどを釣り用にカスタマイズしたものなど、竿やリール以外の周辺商品を作っていました。残りが登山用品と金物の卸で、それぞれ5000万円程度の売上でした。

「何か新規ビジネスを立ち上げさせてほしい」と言って父の会社に入社し、１９８８年にオートキャンプという、ＳＵＶにキャンプ用品を積んで移動し、車の脇でキャンプをするというスタイルを日本で初めて提案しました。それまでは、日本でアウトドアというと、登山を意味していました。なので、登山以外のアウトドアマーケットはほとんど存在していない状態。一部、ロッジ型テントを使ったキャンプマーケットはありましたが、サイズがとても小さく、マーケットといえるものではありませんでした。そこでスノーピークが提案したのが、ベッドルームとしてのドームテントとタープ、大きな屋根みたいなのを作ってその下にリビングとシステムデザインされたキッチンを配置する「ドーム＋タープ＋ＳＬＳ（スノーピークレイアウトシステム）」というスタイルを１９８８年に作りました。このスタイルが日本のオートキャンプの常識となり、オートキャンプマーケットが確立された瞬間でした。

時代背景的には、当時は三菱の車がすごく売れていて、特にパジェロやデリカとか、その少し前だと、「丘サーファー」と言って、六本木にパジェロの屋根にサーフボードをネジで固定して、決して波乗りには行かないんですけども、ビールで染めて茶髪にした似非《えせ》サーファーが集まっていた、そんな変な時代だったんです。

何が言いたいかというと、時代的には四駆の車が売れていたので、アウトドアのマインドは高まっていると感じたんです。皆さんご存じのとおり、車は時代の世相や雰囲気を反映する部分があるので、登録台数の10パーセントがＳＵＶであればアウトドアマインドが高まっていると感じることはおかしくなかったんです。

私は優柔不断な男なんですが、そういうところには鼻の利くところがあって、自分で言ってますけど（笑）。ＳＵＶを使ったキャンプというのは当たるに違いないと素直に考えました。自分でも考えつくんだから他の人も考えてるだろうなと思い、一生懸命早く作ろうと思ってやったら、意外にも私ぐらいしかそのことを考えていなかったんです。まさにブルーオーシャンです。

１９８８年にオートキャンプのシステムを提案して、その直後ぐらいにミッションステートメント「The Snow Peak Way」を書きました。そこから１９９２年には日本のオートキャンプ人口が２０００万人ぐらいまでに増えたんです。信じられますか？　年商5億程度の小さな会社の提案によって、そこから大きな連鎖を生んだんです。まさに実現させたいと思ってミッションに書いたからこそマーケットの創造につながったわけです。

そうこうしているうちに、多くの業界で行われているように当社製品のコピーを作る会社がいっぱい出てきました。ピーク時は100社ぐらいあったと思います。その結果、業界が形成されていき、典型的な悪い資本主義経済、プレーヤーが100社程度いて、1社がオリジナルを作ったら、他の99社はその真似をしてそれを安く売るような状態になっていきました。

結果としてオートキャンプ人口はピーク時に2000万人に達したといわれていますが、1億2700万人の人口の国で、新たなマーケットを創造し、マーケット人口を2000万人創れたという意味では、小さなスノーピークという会社が、オートキャンプというスタイルを提案することで、まさに「リーディングカンパニー」として「時代の流れを変えた」と思っています。

今では欧米の同業者の社長に聞くと、「スノーピークは間違いなくリーディングカンパニーだ」と言ってくれます。特にアウトドア用のギアの世界では最も開発力に優れた会社だと。どう見てもスノーピークがギアの世界をリードしているブランドですよね、というふうに。私の自己評価ではなくて、他者の評価として、今ではちゃんとリーディングカンパニーになることができたと思っています。

ミッションステートメントの三番目の文章は、スノーピークの創業以来私たちがずっと大切に持ち続けている中核的な価値観です。自分たちがユーザーとしてモノを作るということ。自分たちのこの製品は本当に世の中に無いし、本当にすごいと思えるレベルにまで高めてからマーケットに出して、ユーザーさんも「すごい、スノーピークやったね、またやった」みたいな感じに、私たち自身もユーザーさんもお互いに感動するような形で事業をやっていくんだという強い思いを表現しているんです。

最後の文章は一言では言い尽くせないことがあります。折々で、もしくは今日、私の話の何かが皆さんの琴線に触れれば、それもポジティブなインパクトの一つだと思って、今日ここに来ているわけですけども。あと、ボランティアだとか、災害が起こるたびに当社はボランティアに行く会社なんです。あとは障がい者の雇用とか、あまり公には今まで言ってないんですけども、そういうことをちゃんと地道にやっている会社なんです。

特に3・11（東日本大震災）のときには、当社のミッションだからちゃんと実践しなきゃいけないという共通認識が社内にあるので、真っ先に私たちができることは何かを考え、即座に行動を起こしました。ツイッターやフェースブックで、不要になった寝袋、マット、テントを募りました。スノーピークに送ってくだされば、被災地に私たちが持って行くからと呼びかけました。誰しもが何か助けになることがしたいけど、どうしてよいかわからず、何もできなかった時期だったんですよね。スノーピークは要するに野営ができるし、アウトドアで培ったリスクに対する判断力がある。岩登りよりは危険じゃないですからね、被災地に行くのは。

キャンプが生業《なりわい》の会社なので、宿泊手段がなくても行けるし、ガソリンさえあればなんとかなるということで、石巻まで行きました。私たちの呼びかけは反響を呼び、募集をかけてから2日間でうちの倉庫は満杯になりました。3日目になったら、外部倉庫を借りなきゃいけなくなってきて、通常うちの製品を保管している倉庫の面積の2倍ぐらいのテントと寝袋とマットが集まってしまって。3日目に「もう要りません」というオフィシャルを作ったぐらい（苦笑）。

そのとき、私が本当にすごいなと思ったのはSNSの力です。新潟も結構自然災害の被害に遭っていて、当社がある三条市は10年前に大水害に遭っていて、市内の半分が水没したり、その後、中越沖地震もありました。中越沖地震のときにも同じように寝袋やシュラフの募集をしたんですが、そのときは1か月ぐらいずっと呼びかけてやっと足りたような状態でした。10年前なのでまだツィッターやフェースブックなどのSNSが盛んじゃなかったんですね。アメリカでそろそろ出始めた時期でしたが、日本人はやってなかったので。その10年後に、先ほど言ったように、SNSで呼びかけたところすさまじい勢いで物資が集まりました。本当にびっくりしたのを覚えています。

私は見た目、脳天気そうな男なんですが、経営者としてはそんなに脳天気でもなく、仕事が毎日楽しいかっていったら、そうでもなくて。皆さんと同じように年300日ぐらい働いていますが、今日はすごくいい日だったなと思う日は、年間で3日間ぐらいですね。歯を食いしばっているわけではないですが、その他の日はストレスに満ちていたりして。

良かったなと思う日は、たとえば10年前にすごく駄目な部下がいて、こいつ本当にどうしようもないなと思ってたのが、いつの間にかしっかりと部下を指導できるようになっていて、こいつがこんなことを指導できるようになったんだと気づいたときに感動したり。あとは長年の夢がかなったときなど。そう思える日が300日中3日ぐらいはあります。そのときは心底嬉しいなと思うんですけど、残りの300日ぐらいは、皆さんと一緒で、どっちかというと苦渋に満ちた忍耐と我慢の日々ですね。そういう中でも晴れ晴れとした気持ちで仕事するためには、ビジネス上の自由を認識する必要があると思っていて、精神的に私は3つの自由があると思っています。

3つの自由

皆さんも私と同じように3つの自由があるので、その自由をしっかりと認識してほしいと思っています。その3つの自由ですが、皆さんも私も、まず「誰に売るか」という自由、次に「何を売るか」という自由、そして「どう売るか」という自由を持っています。当たり前だと感じるかもしれませんが、実はこの3つの自由はあまり行使されていないんですよね。

先ほど言ったように、現在は、駄目な資本主義経済が蔓延していると思っていて、業界にプレーヤーが10社いるとしたら、その中の1社のみがオリジナルの製品を作ります。この会社は真にクリエイティブでオリジナルを作ることができる。一方で、他の9社はこの製品をパクります。

たとえば、1998年ぐらいに当社が世界初の小さいストーブを作りました。ギガパワーストーブ地というマイクロストーブです。どれぐらい小さかったかというと、胸ポケットに入るぐらいのサイズで、ガスカートリッジを燃料として使うタイプ。そのストーブをアメリカ人が見たとき彼らが「ミニチュアはいいから本物を出せ！」と言ったぐらい小さいストーブです。

それを当社が発売したところ、半年以内に、数多くの欧米のアウトドアメーカーが当社のマイクロストーブのコピー商品を作ってきました。つまり、製造技術はどの会社も持っているんですが、その真にクリエイティブな発想力を持っているのはスノーピークだけ。オートキャンプというマーケットを創ったように、マイクロストーブというマーケットも当社が創ったんですけども、わずか半年ぐらいで他の会社がそのコピー商品を作りました。当然、当社が最初に作るので、他の会社はそれを真似て、機能もあまり変わらずもっと値段の安いものを作る。こうした社会が、私が言っている駄目な資本主義経済です。

本来は、もしプレーヤーが10社いたら10通りのオリジナルを作るべきだと思いますよね。そうすれば、消費者は10通りの選択ができる。当社がものすごく小さいストーブを作ったとすれば、ものすごく大きいとか、ものすごく火力が強いとか、ものすごく燃焼効率がいいとか、おのおのが突き抜けていて、だけど10種類まったく異なる価値観のモノを、私たち消費者に対してサプライするような資本主義経済こそが良い資本主義経済だと思うんですよ。

私は社会をぜひともそうした良い資本主義経済にすべきだと思っています。なぜかというと、過去2000年から2012年の時間軸で、オートキャンプのマーケットってすごく縮小したんです。2000万人から700万人ぐらいまで人口が減りました。12年間でざっと3分の1に縮小。その状況の中で、それまでたくさんあったコピーメーカーの多くは当然に淘汰されていきました。でも、真にクリエイティブなスノーピークだけは、2000年から2012年は年率で平均7％成長し、10年間で売上を2倍にしました。マーケットサイズが3分の1になっても、スノーピークの売上は倍に、そして業界シェアは6倍になりました。

その状況をつくった要因の一つはSNSだと思っています。私たちが消費者として物を買うときに、メーカーが発信する情報は必ずしも信用しませんよね。もちろん信用できる場合もありますが、みんな自分にとっていいこと言うに決まっているし。そこで、何を信じるかというと、他のコンシューマーが実感を込めて発信するブログの情報だったり、たとえばグーグルで自分が買おうと思っている商品の名前を検索すると、その商品に対するコメントが100ぐらい出てきて、その情報をチェックすればこれは「良い」とか、あれは「駄目」だなとかがわかります。当然にコンシューマーからは実感のこもったリアルな情報が発信される可能性が高いので。何が言いたいかというと、いいモノを作ったほうが勝ちなんですよね。

スノーピークはいいモノを作る会社なので、いい会社だという評価が得られている。そうなると、駄目なモノを作っている会社はどんどん売れなくなっていくし、逆にいいモノを作っている会社はどんどん売れていくというのが最近の傾向です。つまり、オリジナルを作って、他社の真似をしないような精神性が高い会社にとって、非常にビジネスがやりやすい時代になっているんです。そのうえで、こういう3つの差別化をちゃんとしていけば、ビジネスというのは楽しくなるんじゃないかなと思いますし、社会はもっと良い資本主義社会になるんじゃないかなと思っています。

コンプライアンスに違反しない限り、社会悪などに加担しない限りは、制限はありません。まったく自由です。世の中を良くするという運動、このベクトルで考えていけば非常に自由だと思います。

では、スノーピークの場合はどうかという話ですけども（資料3）。

誰を真の顧客にするかということで、スノーピークは、ハイエンドなアウトドア愛好者を自分たちのお客さまにしています。

資料3　スノーピークのブランド戦略

■ 誰に売るか？ 誰を（真の）顧客にするか
□ ハイエンドなアウトドア愛好者（アウトドアがライフスタイル）
■ 何を売るか？ 差別化要因　ハード・ソフト・感性
□ ハード　革新的な製品とサービス・システムデザイン・永久保証・アフターサービス
□ ソフト　徹底したユーザー親和性・SnowPeakWay・スノーピーククラブ・スノーピークストア
□ 感性　自然に対する情緒感
■ どう売るか？ 業界で最もシンプルなビジネスモデル
□ 6店舗の直営店　30坪〜160坪　2店舗のオンラインストア　国内売上の20%
□ 50店舗のスノーピークストア（インストア）　国内売上の65%
ディーラーへの卸　国内売上の15%
□ 問屋への卸は0%　全ての売上がユーザーへの直接販売もしくはディーラーへの直接販売

当社がドームテントとタープとSLSという新しいオートキャンプスタイルを作ったときに、当時売られていたテントを例に取ると、9800円の雨が降ると雨漏りして風が吹くとつぶれるテントと、1万9800円の雨が降ると雨漏りして風が吹くとつぶれるテントしかなかったんです。私は先ほどお話ししたように、年間で60泊ぐらいキャンプしている変態キャンパーなので（笑）、雨漏りするようなテントでは駄目なんです。雨でビショビショになっちゃって、もう二度とキャンプしたくないみたいになってしまう。そこで、世の中には一つも存在しなかったので自分で作ろうと思いました。当時の最高のテクノロジーを使って、永久保証が付けられていて、年間50～60泊キャンプしても、太陽光線で生地が劣化したとしても5年ぐらい持つような、そういう本物のテントを作りました。

そのとき、値段がいくらのテントを作ろうと思ってやったわけじゃないんですけども、目標はその機能性。その結果出来上がったテントは16万8000円になっちゃったんです。皆さん、9800円とか1万9800円の製品が売られているマーケットのときに、16万8000円の製品作りますか？　皆さんの中で16万8000円のモノは俺も作るよという方いらっしゃいますか？　おそらくいないと思いますが。

私がその16万8000円のテントを作ったとき、当社の社員はそのテントを見て笑いました。「社長の息子が親の会社に入ってきて何か変なモノを作った」とか、私は外資系の会社にいたので、結構片仮名を使うことが多いんですが、「横文字ぺらぺらぺらぺら、何か文法は日本語だけど、あいつが言ってる理屈はよくわからん」みたいに年配の社員から言われて。「ちゃんと日本語でしゃべれ」とも言われましたよ。

実際に、16万8000円のテント売り始めて、最初は「やっぱり駄目だな、こいつは」と言われましたが、最終的に1年間で100張り売ったんです。何が言いたいかというと、それがハイエンドなコンシューマーが日本に100人できた瞬間だということです。それまで1人もいなかったんですよ。だってそういう製品売ってないんですから。そのマーケットはほぼスノーピークが独占じゃないですか。そこから当社は少しずつ企業努力で下のレイヤーに攻めていっていて、今、一番安いテントは、後で出てきますけど2万9800円。スノーピークのテントが2万9800円で買えるのって、16万8000円のテントを売っていたときに買ってくれた人はすごく怒ると思うんですよね。10万円台の期間が長かったのですが、今では2万9800円で買えるということで、そのテントは1年間で約1万5000張り売れています。すごくないですか。だって、未だに9800円のテントは雨漏りするし、1万9800円のテントも雨漏りするんですよ。2万9800円のスノーピーク製のテントは、高品質で洗練されたデザインで格好いいし。もちろん私は他のメーカーのテントは買わないですが（笑）。というか、買う必要がありませんよね。

永久保証、オリジナルしか作らない

何を売るかということですが、ハードのところでいうと、スノーピークの製品はすべて永久保証を付けて売っています。２０１４年12月期の売上高の着地見込みが54億円ぐらいです。鍛冶屋さんが1人でやっているとか、クラフトで1人でやっている人は修理できるけど、年商10億や30億円以上でもいいですが、その売上規模で永久保証を付けるのは難しいと言われていたんですけども、当社は売上が54億円でもちゃんと永久保証を付けて売っています。

5年後に売上を5～6倍にしたいと思っていますが、そのときも永久保証はちゃんと付けたままビジネスを続けたいと思っていて。なぜかというと、私は先ほどお見せしたミッションステートメントの3番目にあるとおり、ユーザーとして物事を考えたときに一番嫌なのは、物が壊れることなんです。あとは、たとえば1万円出して買って、1万円の価値があると思ったけどその価値がないとか、壊れたときに修理してくれないとか全部嫌なことなので、自分たちが嫌だと思うことをお客さまに対しては決してしないというのが当社のポリシーだということなんです。

ハードの強みはその裏返し。オリジナルしか作らないし、システムデザインがされているし、永久保証が付いているし、アフターサービスが早い。私が出演したテレビ番組「カンブリア宮殿」を観た人はご存じだと思いますけども、当社のアフターサービスは、土日に不具合が起こって、月曜日にお客さまがお店に持って行くと、火曜日か水曜日ぐらいに修理をしてさしあげて、木曜日にそのお店に返します。なので、スノーピークのユーザーさんは「スノーピーカー」と言われていますが、スノーピーカーの皆さんは金曜日の夜からまたキャンプに行けるんです。

スノーピーク以外の会社がそれをやれるとしたら、お客さまがお店に持って行くとすぐにリプレース。アウトドアのモノって長い間使い込んで、思い出がそのギアには刻まれていって、お子さんたちと行った美しい思い出とか、そういうものが深く刻まれていくわけですけども。半年間やっと刻んでも、壊れたら即リプレース。まっさらになっちゃう。それが他社の対応なんです。壊れたら替えればいいという問題じゃないと思うんです。直して使えたほうが絶対にいいはず。スノーピークはそういうことをちゃんとやっている会社なんです。

世界で一番顧客に近いメーカー

ソフト面でいうと、スノーピークは世界で一番顧客に近いメーカーだと自負しています。１９９８年から自社のキャンプイベント「Snow Peak Way」をやってきていて、去年までは全国９か所でやっていて、だいたい年間で５０００人のお客さまと１泊２泊でキャンプをさせていただいてきました。１年間で５０００人で、17年間だから、掛けると８万人ぐらいの方々と一緒にキャンプを過去にやってきたという計算になるんですけども。今、スノーピークはポイントカードを発行していまして、驚くほど少ない顧客で56年間ビジネスをやっているんですよ。そのポイントカードの発行枚数が約11万枚なので、11万世帯しかお客さまはいないということになります。そのうち、アクティブな人はだいたい８万世帯ぐらいだと思うんです。

そうすると過去17年で、お客さまは少しずつ入れ替わってはいますが、私はほぼ全部のお客さまにお会いしていると思いますね。皆さん、消費者としていろいろな立場をお持ちだと思いますけども、自分が愛用している商品を作っている会社の社長に会ったことある人いますか？　ほとんどいらっしゃらないと思います。でも私は自社のお客さまのほぼ全員にお会いするのが仕事だと思っているんです。こんな社長、めったにいないですよね。

それが高じて、「Snow Peak Way」というキャンプのイベント、9回以上はやらないようにしています。本当は18回やったら、もっとお客さまにお会いできるんですけども。やれない理由は、うちの社員の生活が壊れちゃうから。家庭が壊れるからです。それ以上土日をつぶしちゃうと、お父さんがいない家庭、お母さんがいない家庭になっちゃうので。我が家はすでに家庭が崩壊しているんで、私はもう何十回やっても構わないんですけどね（苦笑）。なので私だけ何十回もやっているんです。プライベートでも、ユーザーさんと一緒にキャンプに行ったりとか、そういうことをやっているんですけど。

それから、SNSが世の中でこんなに盛んになる前から、「snow peak club」という自前のSNSを作りました。当社がSNSを作ったのが早過ぎたので、今は、エンジンがフェースブックのようなSNSとつながらないという、変な、ちょっと時期が早過ぎた弊害が出ているんですけど。こういう世の中になると、当社のSNSが閉鎖的な宇宙になっていて、この問題をどう解決するか少し悩んでいます。でも逆に、早くからSNSのようなメディアに着目して、ちゃんとコミュニティを作ってきたという意味では、先進事例だと自負しています。

現在のSNSの世界でいうと、今、スノーピークの「いいね」の数は、あと2週間で10万「いいね」になりそうです。私もユーザーとして尊敬できる他のアウトドアの会社はいくつかありますが、それらの会社よりもスノーピークの「いいね」数は圧倒的に多い。

フェースブックの「いいね」の数ってその会社の事業や企業姿勢に対する共感人口数を表していると思っています。「いいね」を押すとか押さないというのは、その人の自由じゃないですか。皆さんもそうだと思いますけども、本当にいいなと思わなきゃ、「いいね」って押さなくていいわけですから。その数がアウトドアの業界、スポーツの業界ではスノーピークが一番多い。当社より大きい会社はいっぱいありますからね。年商2000億、3000億の会社もある。その中で54億円程度の会社が一番「いいね」が多いってすごいと思いませんか。お客さまの数もそんなに多い会社じゃない。先ほど申し上げたように、ほぼほぼうちのユーザーさん全部が「いいね」を押してくれている計算になるんですね。それだから、お客さまの中で自社の事業や企業姿勢に共感してくれている人数のパーセンテージが非常に高い会社なんだというふうに思います。

問屋に卸さず直販

次は、どう売るかということですけども、これはいろいろあって、当社も1999年までは、問屋さんを介した普通の商流でモノを販売していました。メーカーであるスノーピークから問屋、小売、消費者のビジネスモデルだったんですけれども、先ほど申し上げたとおり、約12年間シュリンクし続ける業界の中で、2000年から当社だけが一定以上のシェアと売上を維持してこれた理由というのは、ビジネスモデルを変更したからだと思っています。何をしたかというと、2000年のシーズンから問屋さんに卸すのをやめました。その当時、止める前はテントの値段を16万8000円から企業努力して8万円まで落としていました。それで問屋さんに卸すのをやめたら、同じテントが5万9800円にできたんです。なので、今の2万9800円にかなり近づいているんですけども、でも5万9800円。

あと、当社製品の取扱い販売店が当時1000店舗ぐらいあったんですが、それを250店舗に減らしました。正確にいうと、品揃えが悪いお店が1000店舗あったんです。

問屋さんの先には小売店さんがあって、どこの店に何が並んでいるかさっぱりわからない状態がありました。そこで各問屋さんに対して当社の主要な製品を卸しているお店のリストを出してくださいと言って、インターネットで返信してもらったところ、合計が１０００店舗だったのですけども。問屋さんはどうしても嘘つきで、小売店さんに対して顔があるから、当社の製品の品揃えが駄目な店でも全部リストアップしとけよみたいな話で、その駄目な店のリストが１０００店舗だったんです。先ほど申し上げたように問屋へ卸すのを当社がやめた理由が、１９９８年のキャンプイベントにありました。それはあとでお話しします。

問屋へ卸すことをやめたことで、結果的にシンプルなビジネスモデルになりましたが、今では２００３年から直営店の出店を開始していて、あとはインストアという形態のお店も出店しています。商行為としては卸ですが、たとえばスポーツオーソリティーとか、エルブレスとか、スポーツ量販店や大型のアウトドア専門店の中に、30坪ぐらいのスノーピークの売場を作ってもらって、そこにすべてのスノーピークの製品を置いていただく。そして当社の社員が店長として張り付いてお客さまに対して当社製品をしっかりとご説明する。それが今、日本で46店舗ぐらいですね。あと直営店が6店舗あって。現在、スノーピークのビジネスモデルは、「スノーピークtoコンシューマー」というモデルが売上比の20パーセントあります。あとの80パーセントが、「スノーピークto小売toコンシューマー」というモデルです。

なので、普通の「問屋to小売toコンシューマー」というビジネスモデルよりも1・5レイヤーほど当社は少ないんです。先ほど申し上げた2万9800円の当社のテントを、他社の流通に載っけると5万円程度になります。これはわかりますね。流通マージンが他社のほうが高くて、うちは流通マージンが少ないので2万9800円のプライシングができますが、他の会社がどう逆立ちしても2万9800円のテントは作れないんですよ。5万円で売るしかないんです、同じものを作った場合には。なので、価格的な競争力はうちのモデルにはあるので、絶対金額は一番高いですけども、その品質と比べたらかなり安い。同じ物だったら他社より3割ぐらい安いプライシングになっています。この組み合わせがスノーピークなんです。

当社の記事が、ネット上では、日経ビジネスオンラインだったり、ダイヤモンドオンラインにも掲載されています。今日は持ってきていませんが、私が著書を出しました。今度、来月か再来月に4刷目になる予定で、重版すごいんです。うちみたいな会社規模の本が。

写真１　ブランド戦略　自らもユーザーとして　第１世代

私が初めて書いた本なんですけども、今皆さんにお話ししているようなことも含めて全部書いてあって、もしご興味があれば、ぜひお買い求めください。１６２０円で日経ＢＰ社から、『スノーピーク「好きなことだけ！」を仕事にする経営』というタイトルで出版されています。

これはうちの創業者なんです（写真１）。私の父で、１９３１年に生まれ、92年に亡くなりました。亡くなってもう23年ぐらい経つんですかね。ロッククライミングが大好きだったんです。それでロッククライミングの道具を作り始めたのがスノーピーク・アウトドアの起源なんですが。その後、登山が空前のブームを迎える中で空前の凋

写真2　ブランド戦略　自らもユーザーとして　第2世代

落をたどり、私が入社したときは5000万円ぐらいの売上でした。だけどすごく熱心なロッククライマーで、三条から夜行列車に乗って、水上の近くの土合という駅まで行って、そこから歩いて谷川岳の一ノ倉沢に毎週通っていました。そういう意味では、私はキャンプ変態ですが、彼はロッククライミング変態だったんです（笑）。

これは私のキャンプサイト（写真2）。ドームテントとタープ、あとはシステムデザインされたリビングキッチン。すごくおしゃれでしょう。スノーピークはキャンプをオシャレに変えた会社なんです。スノーピークがオートキャンプを提案する前までは、日本でキャンプっていうとなんだか貧

写真3　何を売るか？　ハードⅠ　永久保証

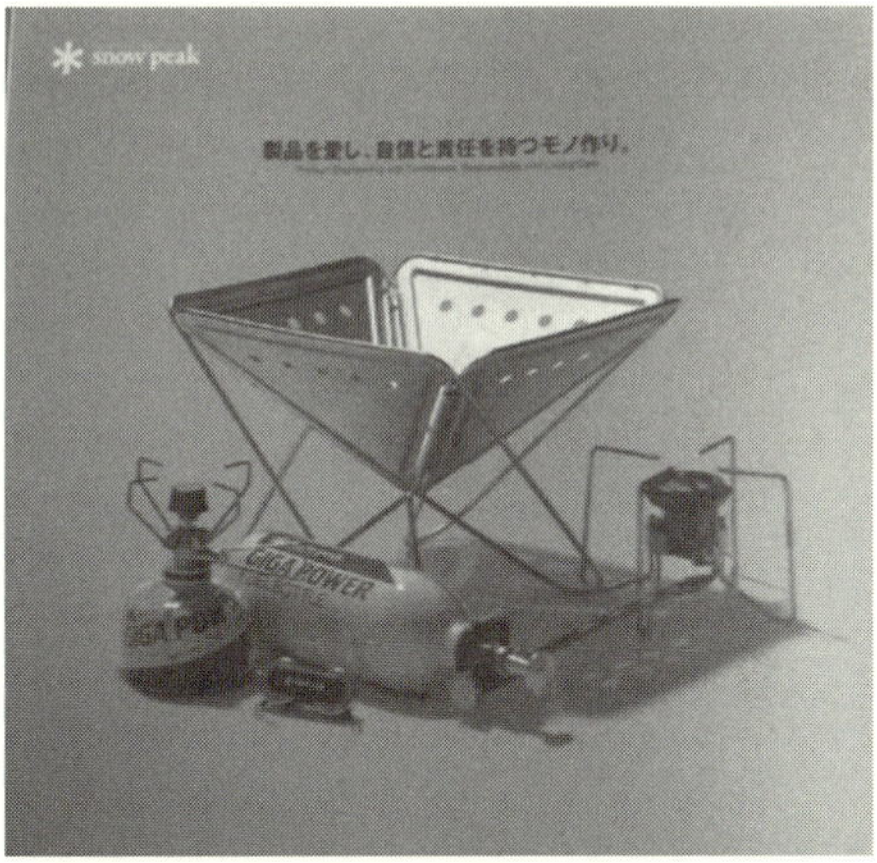

写真4　何を売るか？　オートキャンプのシステムコンセプト

写真５　何を売るか？　革新的なコンセプトかつコンパクト

写真６　何を売るか？　徹底的なシステムデザイン

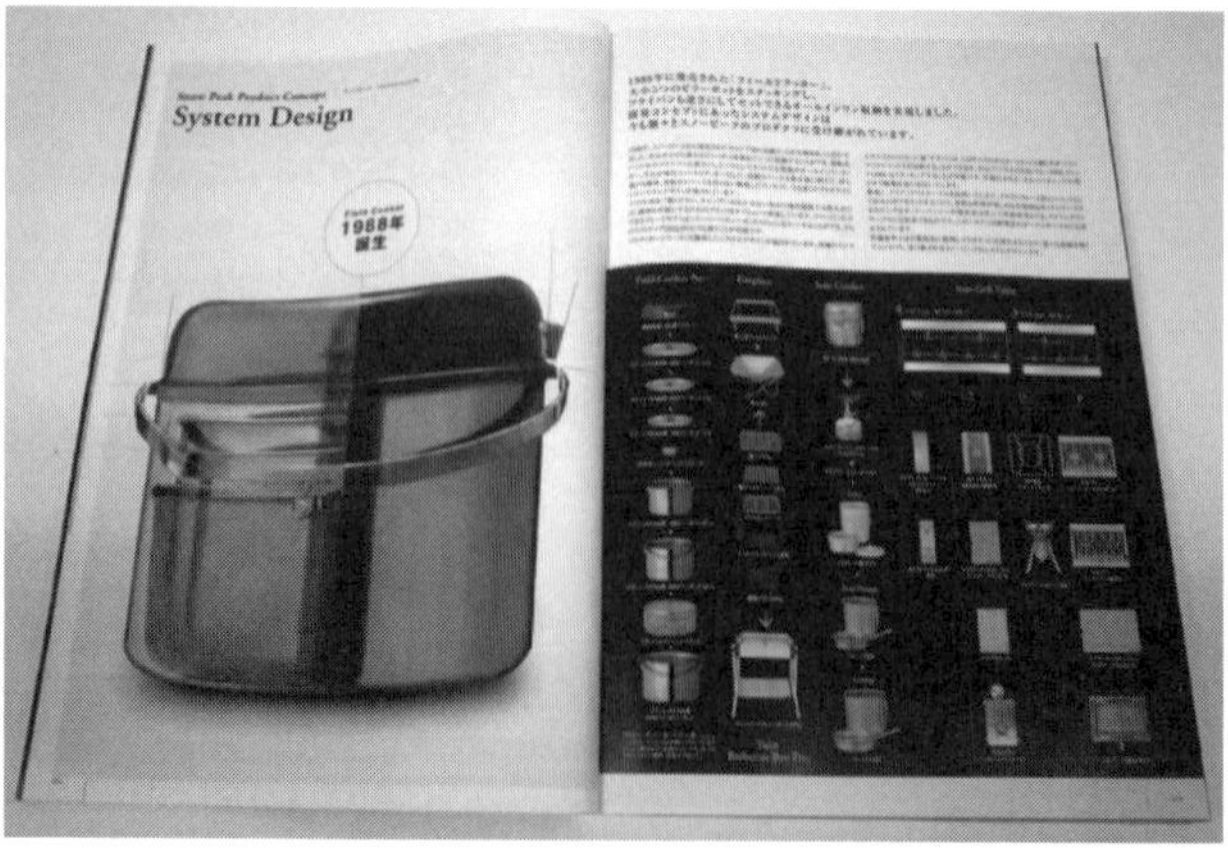

しいイメージでした。９８００円のテントで、カップラーメンすすって素泊まりするんでね。非常にキャンプの社会的地位が低くて、キャンプは貧しい遊びだという日本の中での社会通念がありました。もしかしたら欧米はまだ、その社会通念から抜け切っていないかもしれないですね。

今、世界中を見て、アウトドアの一番の先進国は日本とか韓国だと思っています。こういうふうに本当に豊かなキャンプが成立しているのは、日本、韓国、台湾の３か国なんです。

これは永久保証が付いています（写真３）。これがそのスタイルですね（写真４）。これはＳＵＶに載っかるという絵です（写真５）。これはシステムデザインのところですね（写真６）。

燕三条に根差す

燕三条の製造技術をスノーピークは使っていて、今６０００アイテムぐらい作っています

写真7　何を売るか？　燕三条の技術をアウトドアライフスタイルとして世界展開する地域ブランド

が、テントや寝袋などの縫製品以外は、その多くを燕三条地域で作っています。なので、燕三条地域の製造技術がないとスノーピークは半分ぐらいの製品を作れなくなります。

　この写真を見ていただきたいんですけども、すごく薄い鉄鍋、鋳物の鍋です（写真7左）。足が3本。どう見てもダッチオーブンにしか見えないんですが、これはダッチオーブンじゃなくて、600年前の遺跡から出てき鍋なんです。燕三条の遺跡から。すごくないですか。

　これは和釘（写真7右）。去年（2013年）、伊勢神宮が式年遷宮しましたけども、伊勢神宮の式年遷宮に使った和釘と野鉄金物は、１００パーセント三条で作って納品したんです。他の土地では作れないので、三条市がないと20年後の式年遷宮ができません。私は、今、その三条市の三条工業会という協同組合で理事長をやっているんですけど、５２０社の組合メンバーがいて、その協同組合が和釘とか野鉄金物を作って、伊勢神宮に納品しているんです。たぶん5年ぐらいかけて納品するんですけども、和釘みたいなもので3億円ぐらいになります。5年間で。

他の地域では本当に作れないんですよ。燕三条という地域は、ある意味、特殊な分野のプロですね。残存者事業みたいなところもあって、他の地域では作れないものが作れたりとか。今２０００社ぐらいの金属加工会社が燕三条地域にあるんですが、スノーピークはその地域にあるさまざまな製造技術を、アウトドアというライフスタイルへ変換しているデザイン会社だと思っています。

スノーピークでは、自社工場で焚火台という、先ほどの永久保証を説明したときにも出てきたモノだけを製造していて、その他の製品は全部協力先に製造を委託しています。もちろん社内でも作れるんですけれど、アップルのようにファブレスで地元の協力会社などに発注するというような形態でモノづくりをしています。そういう私からみると、この遺跡から出てきた鉄鍋には鳥肌が立ちましたね。なぜスノーピークが燕三条地域で創業されたかということですよね。

実は、燕三条地域にも鋳物屋さんが1社だけ残っていて、今その鋳物屋さんでスノーピークのダッチオーブンを作っているんです。その会社の社長は私が青年会議所（JC）に入っていたときの2年先輩で、5年ぐらい前にこの鍋が遺跡から出土したときにその人に作らせたんですけど。先輩に対して「作らせた」っていう言い方はおかしいですね（笑）。でも作らせたんです。最初は「そんなに薄いダッチオーブンを作るのは難しい」って言われましたが、「600年前の人が作れて今作れないのはおかしいだろ」って私がその先輩に言いました。そしたらその先輩も意地になって、じゃあやってみようってことになり、見事に、他社のよりも厚さがかなり薄くて鋳肌のきれいなダッチオーブンができたんです。これ本当の話ですけども、その先輩も私も髪の毛が薄くて、その二人で作ったダッチオーブンのシリーズ名が「燕三条極薄鋳鉄」。うすうすコンビが作ったみたいな（笑）。

真のお客さまを自分たちが選ぶ

この写真はSNS（写真8）。先ほど申し上げた「snow peak club」という、何かちょっとフェースブックっぽいですね。フェースブックよりもかなり前にうちが作りました。

この写真は「Snow Peak Way」というスノーピークのキャンプイベントの様子（写真9）。今、日本・韓国・台湾で実施しています。日本では今年6回、3連休で2泊3日が可能な週に実施しました。

この写真はディーラーのリストです（写真10）。「Snow Peak Store」。今、日本国内で46店舗やっています。

この写真は当社の店長たちですね（写真11）。当社の店長たちはアウトドアが大好きで、スノーピーク大好きで、お客さまにサービスするのが好きなんです。こういう店長たちがいるので、スノーピークはちゃんとブランディングができていると思っています。

今、世界17か国ぐらいでビジネスをやっていて、海外売上比率は35パーセントあります。

これは当社の売上高推移のグラフです（資料4）。私は会社の年商が5億程度のときに

写真8　何を売るか？　徹底的なユーザー親和性　ＳＮＳ

写真9　何を売るか？　徹底したユーザー親和性　キャンプイベント

写真10　どう売るか？　ビジネスモデル

写真11　どう売るか？　社員店長によるハイタッチサービス

資料4　スノーピークの事業の変遷1986－2012

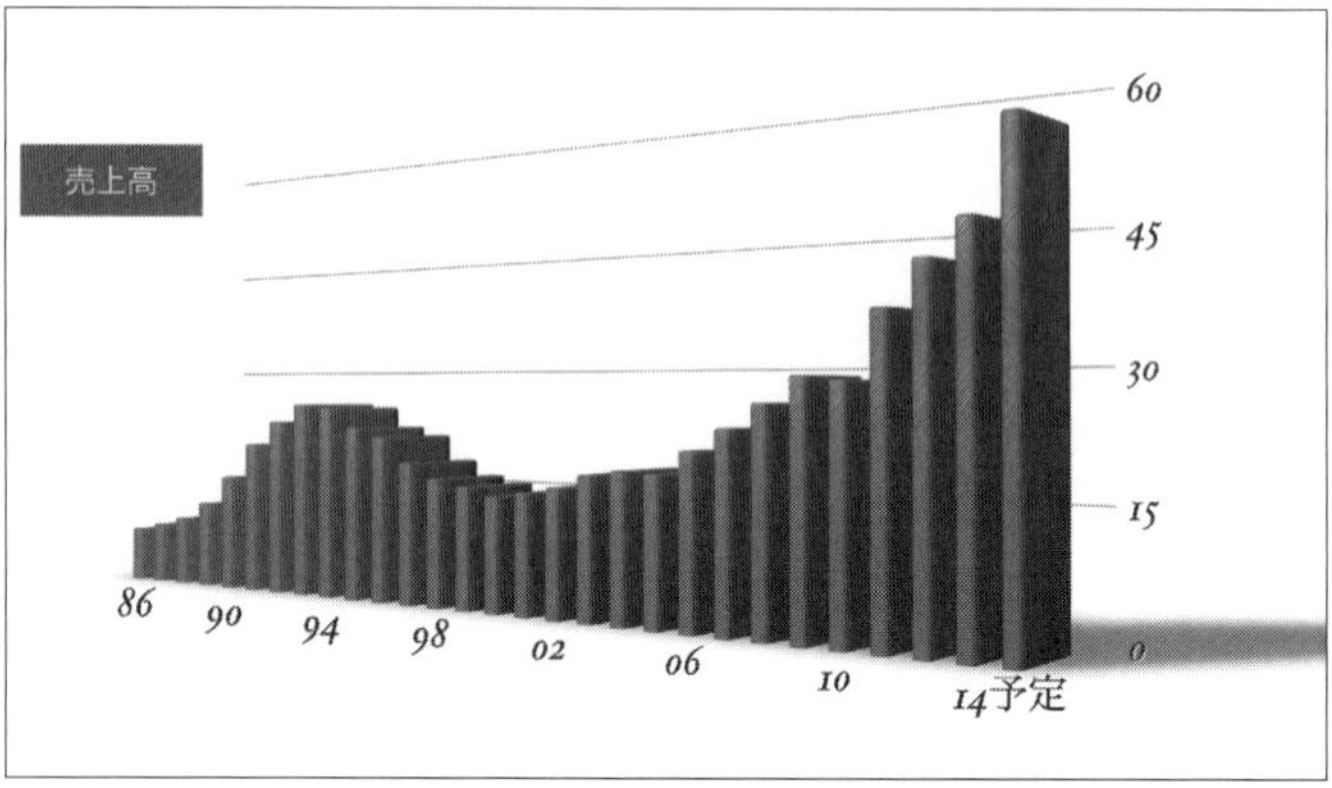

入社して、先ほどお見せしたミッションステートメントを作って、1988年にオートキャンプを仕掛けたら、一気にオートキャンプ人口が2000万人まで行って、一大ブームになったんですけれども。それで、1988年から1993年までの5年間で売上が5倍になりました。うちの父親は売上ピークの1年前に亡くなりました。彼は私が入る前のスノーピークをつくってくれたわけで、年商5億円程度のときに私が入社して、その後私の仕掛けたビジネスで売上が急速に伸び、1992年に亡くなったときは22～23億円ぐらいの売上だったので、まったく会社の心配をせずに亡くなったと思います。

亡くなった次の年が当時の売上のピークになっていて、25億5000万円の売上で、経常利益が3億5000万円ぐらい出ていました。上場しませんかみたいな話もあったんですけども、その後6年間、売上を落としました。私は1996年に社長に就任しましたが、私の社長人生のスタートは3期連続で売上を落としました。父が亡くなった後、母が3期社長をやってくれて、その後、私が社長になりました。母親が社長のときに3期売上を落として、その後、私も3期落として、ボトムの1999年は私が社長のときなんですけども売上が14億5000万円で、ピーク時から10億近く落としていて、普通なら潰れますよね。だけど、そのときもちゃんと経常利益は4000万円出しました。本当に修羅場の社長デビューでした。1999年は私の給料はありませんでした。経営責任だから仕方がないですね（笑）。

1998年に初めてキャンプイベント「Snow Peak Way」を実施しました。当社のミッションステートメントと同じ名前のキャンプのイベントです。初回は30組のお客さまが来てくれたんですけども、そのお客さま全員から出た話が2つあって、一つは「製品の値段が高い」ということ。確かに他社のテントは9800円か1万9800円の時代。当社のテントは本当に使い倒しても壊れないけども、値段が8万円で、他社製品の4倍してましたからね。

「1回しか使えなくて雨漏りするテントと、5年間使い倒して250回使えるテントとどっちが安いですか?」と問いかけてみたい気持ちはあったんですが、そのときの参加者全員から言われたので、これはもう何とかしなければダメだと思いました。

もう一つは、先ほど申し上げたように、品揃えの悪いお店が1000店舗あったので、静岡のお客さまからは「俺、静岡から今日来たんだけどさ、静岡市内に4店舗販売店があるんだけども、どこに行ってもろくにスノーピークの製品が並んでないよ」と言われました。そうしたお客さまの声を聴いて私がやったのは、問屋さんとの取引をやめて流通をシンプルにすること。その結果、当社のテントの値段を5万9800円にすることができました。問屋の社長さんからはメチャクチャ凄まれました。うちの営業担当が一番怖がっていて、「社長、取引をやめるのはいいけど、それを誰が言いに行くんですか?」って。結局私がすべての問屋さんに行って取引をやめました。そのときいろんなことを言われました。たとえば「この業界で生きていけないようにしてあげますから」みたいなことも。それを関西弁で言われるとさすがに怖いなと思って。でも、その人と3年ぐらい前に会いました。取引をやめてから十数年経っていたんですが、共通のお客さまのご子息の結婚式でした。ご祝儀を持って受付へ行って、席次を見たら同じテーブルだったんです。そのとき彼が言いました。もう70歳ぐらいになっていましたが、「山井君、君は俺たちと取引をやめて正解。良かったな」って。これです。

何が言いたいかというと、先ほどの〝真のお客さまを自分たちが選べる〟という話です。うちはハイエンドのコンシューマーが真のお客さまで、問屋さんとか取引ディーラーさんは流通の一部だから、私から見たらパートナーなんです。共にタッグを組んで、最終的にはエンドコンシューマーの人たちを幸せにしなきゃいけないんだけれども、そのエンドコンシューマーが幸せになってない以上は、やっぱりパートナーとしては駄目なんですよね。もちろんメーカーである当社も悪いかもしれないけど。新製品は毎年たくさん出していたので、そういう意味では、モノを作る、開発するというメーカーの本分はしっかりと果たしていたと思っていますので、あとはどう売るかのフェーズが間違ってたと思ったんです。その改革を断行した結果、マーケットは縮小したけど、スノーピークのレベルだけは見事に上がっていきました。

なので、皆さんのビジネスは誰のためにやるかということですよね。そこさえ間違わなかったらたぶん、私みたいに問屋さんとの取引を止めるような思い切ったことをやったとしても、その目的さえはっきりしていれば大きな決断をしても怖くないはずです。

海外展開

この写真は1992年の『BE-PAL』10月号ですね（写真12）。申し上げたように、1988年にオートキャンプを立ち上げて4年後の、当社の売上がピークになる1年前の雑誌です。『BE-PAL』が初めてアウトドアのブランド特集を組みました。「ブランドもの語り」という特集が組まれて、取り上げられたのは皆さんもご存じのパタゴニア、プリムスというスウェーデンの燃焼器具メーカー、モスというアメリカのテントメーカー、ビクトリノックスというスイスアーミーナイフの会社、そしてスノーピーク。その5ブランドだけをその当時の『BE-PAL』の価値観としてピックアップし、スノーピークが2ページにわたる記事で紹介されました（写真13）。

当社が取り上げられたのが、「ブランドの向こうに〝時代〟が見える」ということで、「時代の要求に柔軟に対応し続ける新潟燕三条が誇る革新的ブランド」というタイトルが付い

写真12　BE-PAL 表紙　86－93オートキャンプ黎明期―ブームへ

写真13　BE-PAL 記事　時代の要求に柔軟に対応し続ける…

ていました。ここに書いてある言葉って、うちのミッションステートメントにほとんど書いてある言葉ですよね。不思議に感じませんか。ミッションステートメントを掲げて、それに忠実に、愚直にビジネスしていると、他者からの評価もそのとおりになるんです。ミッションステートメントを1989年から1990年にかけて作って、この記事は1992年なので2年後ぐらいの特集ですけど、ミッションを書いてから早くも2年ぐらいで他者からも評価を得ることができました。

この写真に写っている超イケメン、これ私なんです、実は（驚嘆の歓声）。1992年だから、22年前の私。二十数年も経つと、人間もこんなになるんだぞということです（笑）。

この記事を皆さんにお見せしたのは、ブランドって他者からそう認められて初めてそういえるということ。自分でブランドとは言えないので、他者からちゃんと認められないといけないんです。それはお客さまだったり、メディアだったり。そういう意味では、当時、アウトドアのメディアとしては『BE-PAL』が一番強力だったので、スノーピークは晴れて一流ブランドとして認められた時期だったんです。また、この記事が書かれたのは、ちょうど父親が亡くなった年で、『BE-PAL』から取材を受けていることは父も知っていましたが、そのあと亡くなってしまって、記事自体は見ることができなかったんですが、

写真14　BE-PAL 記事　『優雅で快適なキャンプサイト』を夢見続けた親子鷹）

日本アウトドア名匠伝

RVキャンピングの名脇役・マルチスタンド誕生秘話

『優雅で快適なキャンプサイト』を夢見続けた親子鷹

山井幸雄・太

1987

日本アウトドア名匠伝

かたやハーケン、かたやテーブル
自分が欲しいモノを作りたい

仏壇にはこの雑誌を供えて、「スノーピークもブランドになったよ」と父に報告したことを今でも思い出します。

これは1996年の『BE-PAL』3月号の記事（写真14）。結構売上が落ちてた時期だったんですけども、亡き父と私が親子鷹みたいな感じで取り上げられた記事ですね。これ31歳の私（どよめき）。別人ですよね。特にヘアスタイルが違いますね（笑）。

1993年まで急激に成長し、1994年から売上を落としていったのですが、そのときにスノーピークには2つの選択肢がありました。一つは量販店に物を普通に売るという方法。その選択肢を選べば5億円ぐらいの売上は簡単に作れたと思います。ホームセンターやGMSは当社の製品を欲しがっていましたし、当社はハイエンドなコンシューマーを真の顧客として販売するので、「あなた方とビジネスすると9800円のテントを作らなきゃいけなくなるので、取引はしません」というふうに関係を持たずにいました。もう一つの選択肢は、海外のハイエンドマーケットを攻めるということ。この2つの選択肢から最終的に私たちが選んだのが海外のハイエンドマーケットを攻めることでした。

この写真のストーブは、1994年から開発を始めて、年間1億円ぐらい開発費がかかったんですが、完成までに4年もかかってしまいました（写真15）。この写真のように

写真15　記事　海外での武器の開発４年を費やす

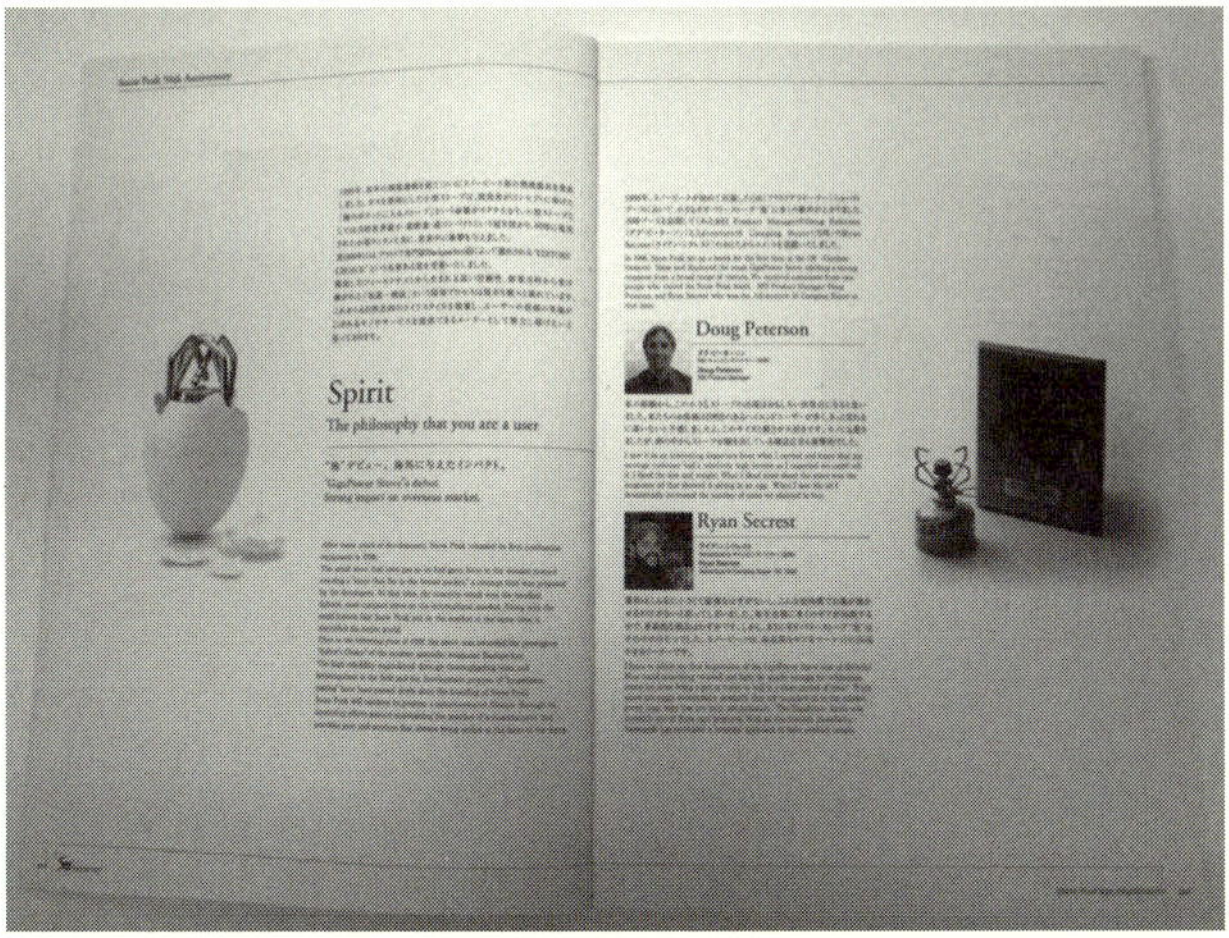

とても小さくなる。卵の殻に入るようなヘッドなので、アメリカのバイヤーが「ミニチュアはいいから本物を出せ」と本当に言ったくらいです。この製品だけで、スノーピークはアメリカで３００店舗の販売網を手に入れました。向こうから「売ってください」って言ってきて、こちらからは「卸価格は上代の60パーセントです」って言って、全部うちの言い値で取引ができました。なので、量産までに４年かかったんですが、その後はとても楽でした。

でも、先ほどグラフを見ていただいたとおり、94年から98年までは大幅に売上を落としていた時期で、そこでさらに開発費を毎年１億円ずつ払っていて大変苦しかったですが、それでも黒字の決算をしていました。そこは私の社長人生の中で最大の修羅場だったかもしれませんね。厳しかったです。

そういう状況の中で、燃焼器具の開発が終わってリリースに漕ぎ着け、1999年からアメリカで販売を開始したので、2000年からは日本国内と海外の両方で売上を伸ばしていきました。今は売上の35パーセントが海外という状況です。

写真のとおり『BE-PAL』にティーザー広告を出しました(写真16、17)。「もうすぐ、もうすぐ。世界で一番小さい。世界で一番軽い。世界で一番コンパクト」。こういうプロモーションは頑張ります。「ほら、すごいでしょ」って。この製品は1998年に日本で発売したんですが、アウトドアマンにとって小さくて軽いということは至上の喜びなんです。登山する人にとっても、キャンプする人にとっても、小さくて軽いモノが大好きなんです。このストーブは本当に小さくて軽かったので、それまでストーブの販売記録だったのが、先ほどの「ブランドもの語り」の記事に出ていたスウェーデンのプリムスという会社の2243というモデルですが、それでもかなり大きかった。でもすごく性能が良くて、それが年間5000個の販売記録を持つベストセラーでした。この当社のギガパワーストーブ地は年間で2万個売れ、それまでの販売記録を4倍塗り替えました。ギガパワーランタン

写真16　BE-PAL 広告　もうすぐ、もうすぐ。

写真17　BE-PAL 広告　ほら、すごいでしょ。

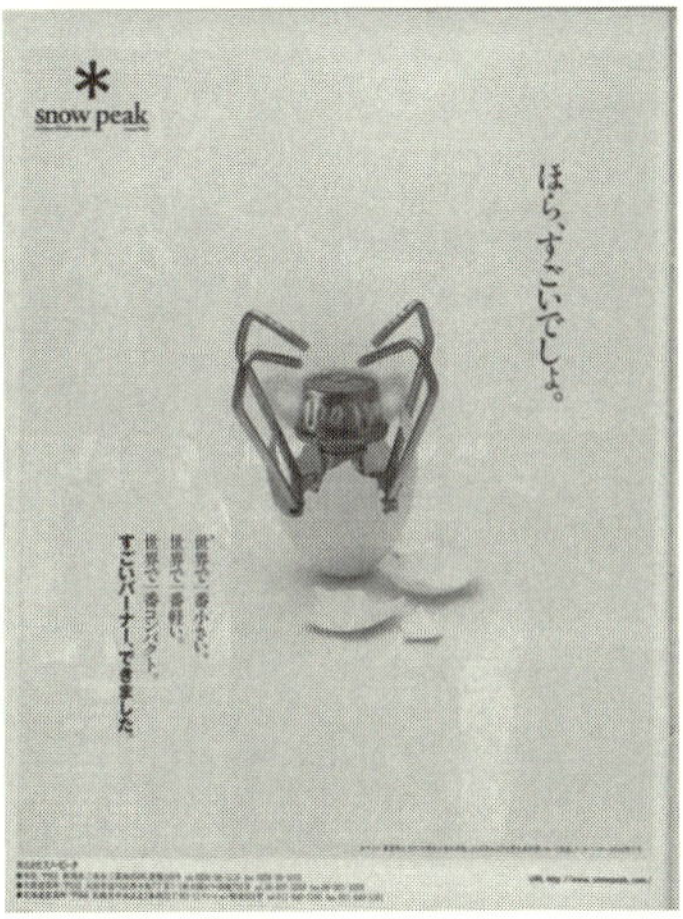

写真18　BACKPACKER 広告　ニューミレニアム、ニュージェネレーション

天も2万個売れました。

1999年からアメリカ、ヨーロッパという順番でマーケットに進出しました。これはアメリカの『BACKPACKER』というクオリティーマガジンに同じティーザー広告を打ったときの写真です（写真18）。コピーだけちょっと変えていて、1999年から2000年に向かうときだったので、「ニューミレニアム」や「ニュージェネレーション」という言葉を使ったりして。これはガスのストーブなんですが、それまでアメリカのストーブマーケットはホワイトガソリンやレギュラーガソリンが主流だったんです。アメリカのMSRとかコールマンとか、そういうアウトドアメー

カーがマーケットを牛耳っていたんですが、私たちがガスを使ってストーブを小さくした結果、「全く画期的なガスストーブだ」と。「もうガソリンは要らない」と言われ、業界の常識をまったく塗り替えてしまいました。この製品で。

この『BACKPACKER』のエディターズチョイスというアワードがあるんですが、その賞を戴きました。日本の会社で初めてです。日本でGマーク（グッドデザイン賞）を取ってもその効果がどの程度あるかはわかりませんが、このエディターズチョイスアワードのマークが付いているとアメリカではすごく売れるんです。本当に日本の会社で初めてスノーピークがこの賞を取りました。

そして、アメリカ、カナダに上陸した後、ドイツに行きました。ハンブルクに本社があるグローブトロッター（Globetrotter）という強力なお店があって、そのお店が一番新しいお店をケルンにオープンするという情報をつかんだので、一路ハンブルクに向かいました。同社の社長にアポを取って、「スノーピーク知ってるでしょ。アメリカで売ってるけど、ヨーロッパでは売ってないよ。なぜヨーロッパで売らないの？　だからわざわざ来たんだけど、もし君がよければうちのお店を君のケルンの店の中に出してあげてもいいよ」と言いました。本当にこのとおり、高飛車に言ったのです（笑）。

写真19　グローブトロッター（Globetrotter）の店内吹き抜け

グローブトロッターはこんな店でした（写真19）。すごいでしょ。外装が１００年前の建物で、内側は一流の建築家がデザインしていて、プールがあったり、４階ぶち抜きみたいな感じ。日本に、東京にこの店があったら毎日行きたくなりますね。格好いい店です。相手に対してずいぶんと偉そうに言いましたが、結果として〝言ったもん勝ち〟でしたね。日本人は奥ゆかしいですが、私はあまり奥ゆかしい性格じゃないですし、なんといっても本当に彼から見ても、スノーピークはアメリカですでにメジャーになっているブランドで、ヨーロッパで最初に取り扱えたらラッキーじゃないですか、彼にとって。この写真の彼は社長

写真20　グローブトロッターの社長と山井社長

のトーマス・リプケンで、彼、なんとなく嬉しそうでしょう（写真20）。

このとき、その2000坪のお店の中にインストアで入ったブランドが3つあって、ドイツのジャックウルフスキンというオオカミの足跡がトレードマークのブランドと、アメリカのノースフェイスとスノーピークの3つ。日米欧1ブランドずつ入ったんです。この店はデザインも雰囲気もすごくいいので、ヨーロッパ中の業界人が絶対見に行きます。なので、いきなりスノーピークのストアが出店していれば、各国のアウトドアのトップレベルの店は必ずうちに取引の申し込みに来る。という感じでヨーロッパを攻略していきました。イギリス、スイス、ロシアなど。やっぱり1店舗目をどこに出店するかはとても大事。どこに手を打つかというのは非常に重要だと思います。

また、決して自分の会社を過小評価しないようにしたほうがいいです。上から「買え」って言って、相手から「嫌だ」って言われたら仕方がないですが、「買え」って言うかどうかはこちら側の問題ですからね。ビジネス上、ときには図々しさも必要なはずです。私がその見本です（笑）。

その後、海外に行きまくりました。今はあまり行かなくなりましたが、この時期は飛行機での移動距離が12万マイルから15万マイルぐらいあって。でも、私は飛行機が大嫌いなんです。本当に死ぬほど嫌なんです。私は閉所恐怖症で、飛行機の狭いシートに座ると息苦しくなるんです。でもビジネスだから仕方がないので、本当に嫌々行ってました。

欧米の見本市にも出展しました。すごく大きなブースを出して、このブース代が1回当たり3000万円ぐらいかかるんです。アメリカでは1年に2回見本市があって、冬と夏と。ヨーロッパは夏だけですが、3回も出展して、販売促進費を1億円使いました。

そうやってオートキャンプのマーケットを欧米に創ろうと試行錯誤したんですが、結果的にマーケットを創ることはできませんでした。残念ながら。ですが、韓国と台湾にはマーケットを創ることができたんです。日本のオートキャンプマーケットは450億円程度ですが、韓国は今500億円の規模があります。私たちスノーピークが創りました。韓国のマーケットも台湾のマーケットも。もちろん日本のマーケットもです。現在、日本が450億円、韓国が500億円、台湾150億円。全体で1100億円ぐらいのマーケットに成長していますが、それらはすべて私たちスノーピークが創りました。

売上は連結で54億円程度しかないですから、リテール換算だとおそらく100億円ぐらい。なので、マーケットシェアは10パーセントぐらいしか取れていないので、それはこれから何とかしなきゃいけないと強く思っています。

当社の製品はアウトドアの業界だけじゃなくて、ハイエンドなデザインショップやインテリアショップなどでも取り上げられています。アメリカだとデザイン・ウィズイン・リーチ（Design Within Reach：ＤＷＲ）という赤い看板のお店が有名で、ニューヨーク、サンフランシスコ、ロサンゼルスなど主要な都市にあるんですが、そこでもしっかりと取り上げられています。

海外展開の中で、欧米にオートキャンプのマーケットは創れませんでしたが、それでも自分たちの行動が間違っていなかったと思うのは、アメリカとヨーロッパに先ほどお見せした小さいストーブや、バックパッキング用のチタンの鍋やマグカップなど歯を食いしばって並べました。今ではどこの店でも取り扱われるようになった。規模は小さいけれど、欧米の店舗にちゃんと並んでいるグローバルなブランドにできたということなんです。そして、その結果、韓国や台湾でオートキャンプのマーケットができていった。今、約54億円の売上のうち、韓国は10億円ぐらいで台湾が5億円ぐらいです。それから、小さい話ですがアメリカが台湾と同じぐらいのレベルで、6億円ぐらいの売上しかないんですけども。

何が申し上げたいかというと、韓国や台湾に当社の製品が並んでいて、マーケットサイズもかなり大きなボリュームになっているのは、ちゃんと欧米に認められて、グローバルなブランドになったからだと思っています。もしグローバルなビジネスをやっている方がいらっしゃったら、ぜひ参考にしていただきたいと思いますが、日本発というフェーズでいったら、歯を食いしばってでも欧米にしっかりと並べて、結果としてアジアで飯を食うみたいな流れは本当にあるんだなと、自分の経験上は感じております。いきなり韓国に進出しても、おそらく私たちがマーケットを創ることはできなかったと思うんですよね。

当社が韓国へ進出したときに、オール韓国メディアが取り上げてくれました。これは韓国でのスノーピークウェイの写真ですが、日本のスノーピークウェイの様子とまったく同

写真21　韓国での snow peak way の様子

写真22　スノーピークコリア本社

じです（写真21）。この写真は韓国の子会社スノーピークコリアの本社です（写真22）。「スノーピークHQラウンジ」という、ソウル市内にあるんですけど、5階建てのビルを1棟借りして、1階、2階、3階が店舗で、4階がアフターサービスセンター、5階がオフィスになっています。

日本のスノーピークは燕三条に本社ヘッドクオーターズがあって、そこは5万坪の敷地で、キャンプ場の中に本社が建っているんです。スノーピークコリアの本社は都市型の施設で、キャンプ場の中にはありません。日本、韓国のいずれのヘッドクオーターズもスノーピークブランドの可視化をイメージして建築したので、そこに行けばスノーピークとは何者かがわかるようになっています。

本当は東京に韓国のHQラウンジのような施設をつくりたかったんですけども、東京はやっぱり土地が高いので未だ実現できていません。いつかIPO（Initial Public Offering：株式の新規公開）をしたいと思っているので、IPOが実現できたら東京にビルを買うぞと意気込んでいるんですけどね。

この写真が燕三条にある本社ヘッドクオーターズです（写真23）。5万坪の敷地の中に広大なキャンプ場があって、この写真がオフィスですね（写真24）。同じ建物の中に工場

写真23　Snow Peak Headquarters　本社と敷地

写真24　Snow Peak Headquarters　本社オフィス

と本社ストアもあります。冬もキャンプができます。2メートル近く雪が積もります。スノーモービルも乗れます。夏はセグウェイに乗れます。このヘッドクオーターズ自体でさまざまな賞を取っていて、Gマーク（グッドデザイン賞）はもちろん、数々の建築の賞を戴いています。

それから日経ニューオフィス推進賞の経済産業大臣賞も戴きました。どんな賞なのか簡単にいうと、日本で一番快適でクリエイティブなオフィスを選ぶ賞で、その一番に選ばれました。2年ぐらい前にです。それは経産省が25年間ぐらい続けているアワードなんですが、地方の会社が受賞したのは初めてだそうです。それまでは首都圏の会社のオフィスが受賞していたんですけども、地方のオフィスが取ったのは初めてだったんですね。

アウトドアの本質は人間性の回復

時間が無くなりましたので、最後に少しだけ皆さんが学んでいらっしゃることに関係ある話を。アウトドアの本質というのは、簡単にいうと、私たちは先進国の文明社会の中で

資料5　人生に、野遊びを。（趣旨文）

スノーピークは、考えます。
僕たちの生業であるキャンプの使命は、
つかの間、人の心に野性を取り戻すことだと。

森や闇を畏れ、敬う。
あらゆる情報を、五感を駆使して獲得する。
目の前の食事に深く感謝する。

何があっても生きる。
そういう野生が失われてから
僕たちはおかしなことになっている。

すべての人にもう一度野性を。
その意思がスノーピークを変えていきます。
過去につくった道具、ゼロから見つめ直し
他にない、ココロに刺さるモノづくりを追求したい。

初めて野遊びをした日の感動を
キャンプ場の外側にある、
人生のあらゆる時間に広げたい。

いきなり何を言い出すのかと
思われているかもしれませんが、
僕たちは、本気です。

野性を取り戻すこと、それはむしろ人間らしくなること。
すべての人が、心に野性を取り戻せたら、
未来は変わる。

山井　太

資料6　人生に、野遊びを。（キャッチコピー）

人生に、
野遊びを。
snow peak
outdoor lifestyle creator
since1958

生活していて、文明の高度化によるメリットももちろん享受しているわけですが、その反面ストレスも多く、人間性が阻害されるなどのデメリットも享受しているわけです。そうして文明によって阻害された人間性を回復したり、人々を癒すということがアウトドア業界の使命なんですね。なので、スノーピークの事業の本質も人間性の回復だと考えています。

　日本は人口が1億２７００万人で、現在のキャンプ人口が７５０万人といわれていますが、それは人口のたった6パーセントにしか過ぎません。何が言いたいかというと、今、私たちスノーピークが癒してさしあげることができる人は、すべてのキャンパーだと仮定しても人口の6パーセントしか癒せないんです。逆に、私の立場で今いうと、キャンプをやってる人はすでに癒されていて、本当に癒してさしあげる必要があるのは残りの94パーセントのキャンプをやらない人たちだと思うんです。

そういった人間性の回復が必要な人たちに対して、スノーピークはしっかりとビジネスしようと思っていて、それはうちの内部用語で「アーバンアウトドア」と呼んでいます。そんな言葉はもともと無かったんですが、アウトドア企業のスノーピークがアーバンに攻めていって、アーバンアウトドアビジネスで都市生活者の皆さんを癒しますよとか、都市で自然と人をつなげますよというような仕掛けをしていこうと思っています。それがこれからの私たちスノーピークの展望です。

そのテーマが「人生に、野遊びを。」です（資料5、6）。いいテーマでしょう。この文章を読み上げると涙が出てくるので、読むのはやめておきます。以上です。

皆さまご清聴どうもありがとうございました。（拍手）

質疑応答

【司会（長沢）】　ありがとうございました。せっかくの機会なので、ぜひ質問あるいはコメントをいただければ。

【質問者1（堀内）】　どうもありがとうございます。堀内と申します。最後にお読みになられなかった文章ですが、あれは社長ご自身が書かれたのか、コピーライターの方がお話を聞いて作っていったのか教えてください。

【山井社長】　私が書いたものと、コピーライターが書いたのと半分ずつぐらいです。

【質問者1（堀内）】　感性じゃなくて、理屈っぽい話になっちゃうんですが、ヨーロッパでオートキャンプ駄目って言われて、アメリカはキャンピングカーがあって、ヨーロッパはないのか。キャンピングカーはオートキャンプではなくて、あくまでも90年代にパジェロだ何だかんだと流行ったモデルを、キャンプということで利用が駄目だったんですか。

【山井社長】　キャンピングカーはアメリカにもヨーロッパにもあって、それはアウトドアの業界では「キャラバン」というカテゴリーで呼ばれています。ヨーロッパにもキャラバンのキャンプ場は多くて、要するにトレーラーの幅しかないんです。隣との距離が30センチしかないみたいな。なので、駐車場でキャンプをやってる感じなんですよね。

あと欧米に共通するのは、バックパッキングという文化があるんですけども、それは私の言葉でいうと貧乏旅行なので、あれはアウトドアと呼べるのかどうか疑問ですね。旅行をする手段として安く済ませるという意味で、バックパッキングというのが成立していると思います。だから、キャンプ自体を楽しむ、自然の中で家族が楽しい時間を過ごして絆を深めるようなキャンプは欧米にはあまりありませんね。

【質問者1（堀内）】 そうすると結構、お金突っ込んで市場開発しようと思ったけど、行ってみて、ある程度やってみたら、社会的なファシリティーが整ってない市場だったということでいいんですか。

【山井社長】 そうですね。たぶん韓国とか台湾の人は、親日・反日はあったとしても、どこかやはり日本という国に対してリスペクトがあるので、日本文化はちゃんと輸出できたんですけども、欧米の人たちは、日本発の文化だから自分たちのほうが上というような気持ちがどこかにあって、受け止めなかったんだと僕は思っています。

【質問者1（堀内）】 ありがとうございます。

【質問者2（大鶴）】　大鶴と申します。ありがとうございます。非常に興味深いお話で、僕はアウトドアをまったくしない人なので、今日見て、こんなにおしゃれだったらやってみたいなって、正直思いました。質問は、社長がお持ちの感性って非常に、すごく素晴らしいなと思っていまして、僕はメディアの人間なんですけど、たとえば今後の展開として、6パーセントしかいない人たちに一致するものを作るよりも、オフィスも格好いいし、非常に製品もデザイン性が優れていて、たとえば社長が、パナホームには作れないような住宅家電みたいなのとか、インテリア系の調理器具を作ったりとか、そういう全然違う業態への展開というのは考えてらっしゃらないんですか。

【山井社長】　今は「アーバンアウトドア」という新しいカテゴリーを、マーケットを、アーバンアウトドアという切り口で創ろうとしているんですけれども、たぶんその先にあるのは、すごく乱暴な言い方をすると、世の中にはアパレルでも生活雑貨でも中品質、低価格、だけども感動はしないモノが多いと思うんです。なので、私は他の人たちがあまりやっていない「感動品質」みたいな、「感動生活」みたいなモノが作りたいと思っているんです。アーバンアウトドアの後にはそういったビジネスがあるんじゃないかなと思っています。

実際に、そのアーバンアウトドアのところでいうと、今おっしゃったように、たとえばマンションディベロッパーさんと今、タワーマンション1棟やろうかみたいなことがあったりとか。当社からは、お部屋よりもベランダ広くしてほしいって提案しているんですが、それはかなり構造的に難しいよねみたいな感じで。そこにマンションディベロッパーさんの限界があって。そういう発想ができるところに当社の価値があるんだとも思っています。

そのほかに、住宅の屋上の庭園化をしている会社があって、その会社は年間で施工が2000棟ぐらいあるんですが、その屋上のソリューションをスノーピークがデザインして、スノーピークの製品を使って設営をするビジネスに取り組んでいます。等々、アーバンアウトドアについては、実際にさまざまな形で事業化しつつあって、近未来、都市部で皆さんがスノーピークに触れる機会がかなり多くなると思いますよ。

あともう一つはアパレルなんですが、アパレルもいきなり今アメリカで勝負していて、ニューヨークで最もセンスがいいといわれているセレクトショップに、日本のブランドで初めて当社の製品が並びました。ちょうど今、ポップアップショップを展開してくれています。なので、そこから日本の大手セレクトショップにもスノーピークアパレルが伝播していて。お陰さまで秋冬物はもう在庫が無いような状況です。アパレルの展開もこれからさらに面白くなりそうです。

【質問者2（大鶴）】 ありがとうございます。

【質問者3（矢加部）】 長沢先生のところで学んでいます矢加部と申します。今日はありがとうございます。実は私は店舗の設計をしていまして、一応ものづくりなので、結構耳の痛いお話が多かったんですけども。今、二子玉川だとか横浜みなとみらいとかに店舗を出していらっしゃいますが、世界観を魅せるあの独特な空間の店舗はどういった考えでもって作られているのかなと不思議に思いましたので、お尋ねします。

【山井社長】 そうですね。直営店舗はうちにとっては実験店舗で、今申し上げたアーバンアウトドアも含めて、直営でしかできないチャレンジをちょっとずつやっています。先ほど話に出てきたインストアという店舗形態がうちの店舗戦略のメインなんですが、そのインストアで上がったプロフィットを元手に、直営店でさまざまなチャレンジをしているというような感じです。

なので、直営店はすべてフォーマットが違っていて、丸の内のKITTEは30坪しかなく、アパレルを中心に販売していますし、二子玉川やみなとみらいのMARK ISは売場面積が広いので、半分オートキャンプで半分はアーバンアウトドアの世界観を表現するような試みをしていたりとか。

【質問者3（矢加部）】 そこでお客さまからのコメントをいただいたり、またお客さまへのフィードバックもされているんですか。

【山井社長】 そうですね。

【質問者3（矢加部）】 ありがとうございます。

【山井社長】 店舗デザインの方から見て、うちの店舗はどうですか。クオリティーは、いい悪い、もっとこうしたらいいとかあったら教えてください。

【質問者3（矢加部）】 正直、商品がちゃんと見えるという、何か余計なことをしてないのが、私はすごく逆に共感が持てました。設計していて言うのもどうかと思いますが、商品を頑張らなくて空間で何とかしようとするお客さんがたまにいらっしゃるんですね。ただ、結局それはきっかけでしかなくて、売り続けるということが難しかったりするところが実はあって。それがちゃんと勝負されている感じがして、それは非常に好感が持てます。なんか上から目線の発言ですみません。

【山井社長】 ありがとうございます。少し安心しました。

【司会（長沢）】 それに加えて申しますと、実は先月末に「レクサス×資生堂」シンポジウム（Lexus International レクサスブランドマネジメント部部長　高田敦史氏、ならびに株式会社資生堂「クレ・ド・ポー　ボーテ」ブランドマネジャー　藤井恵一氏を招いて2014年9月30日に開催した「日本発、ラグジュアリーブランドを目指す」シンポジウム）を開催しました。レクサスは表参道のコンセプトショップに車を置かないで、要するにイメージだけ売るとのことでした。ああいうのは、今のお話からいうと、とんでもないことをやってるんじゃないかなと思うんですけど、社長はどんなふうにご覧になりますか。

【山井社長】　あそこ、ビジネスでお付き合いのある方に連れて行ってもらいました。その方がすごく素敵だからって言ったのがトイレですね。確かにトイレは素敵でしたね。トヨタさんの社長が小さいころに遊ばれたミニカーが1個置いてあって、壁中にミニカーがあるんですけど、真ん中に豊田章男さんの。あのトイレは、僕は良かったなと思いました（笑）。

【司会（長沢）】　褒めるのはトイレだったということですね（笑）。ありがとうございます。ほかにはいかがですか。

【質問者4（坂東）】　今日はありがとうございます。長沢ゼミの坂東と申します。アメリカのバートンスノーボード、日本のバートンジャパンに勤めております。弊社事なんですけども、オーナーのジェイク・バートンは、山井社長のスタイルと非常に似ていまして、年間100日滑る。ギアに関しては永久保証している面もそうです。またW48というのが社内にあって、2日以内に必ず連絡をする、何かしらの対処をするというルールもあったり、非常にカルチャーが似ているんですね。

最近、ZOZOTOWNでの取扱いを開始されたと思います。実は、私はeコマース中心に担当しておりますので、ZOZOの管理画面の説明会でもご一緒しました。私はアマゾンも担当なんですけど、アマゾンの担当者がしきりに「スノーピーク売れてますわ」って言うんです（笑）。そこで、山井社長が思い描くアウトドアにおけるeコマースの今後の展望、中期・長期で何か特別なものがございましたらお願いします。

【山井社長】 うちもeコマースの比率って、そこそこあるんですけども。たぶんeコマースで買っている方は、リアル店舗で物を見てからクリックしていると思うんです。おそらくバートンさんのお客さまもそうだと思うけど、実際に画面だけでクリックできないカテゴリーなので。eコマースは消費者からみたら購買の手段の一つではありますけども、時間がないからクリックしたとか。でも絶対的に触ってもらう、感じてもらう、商品を見てもらうというところは、基本は外せないんじゃないかなと思っています。もちろん少しずつ比率は増えていくとは思いますけど、抵抗感がだんだんなくなってくるとは思うので。

なので、当社が怖いなと思うのは、「スノーピーカー」といわれている当社のお客さまは、たぶんクリックしてくださると思います。モノに触らなくてもスノーピークだから大丈夫だと確信を持って。しかし、そのようになっちゃうと、メーカーのモノづくり的なところでいうと、ちょっと困っちゃうなという気がしますね。

【質問者4（坂東）】 そこは、実は私の中でも困っているところです。アメリカの会社で経営者のコミットメントというのと、われわれジャパン側の思いというのは、どうしてもズレがあります。ジャパンはプロフィットセンターなので、発言権としてはもちろん強いんですけど。今そこが一番頭が痛いんです。たとえば、先ほどの流通をごっそり変えようか、という話になると、なかなか踏ん切りがつかないで、ずるずる行くのです。いつまでそんな、以前からのスタイルを引きずっているの?っていう思いではいますけど、なかなかすっきりしないんです。

【山井社長】 今、リアル店舗、直営店はあるんですか。

【質問者4（坂東）】 あります。少ないですけど。

【山井社長】 何店舗ぐらい?

【質問者4（坂東）】 アウトレット入れて、4～5店舗。他にポップアップストアもあります。そういう中で、eコマース側にもっとシフトして、直販でなるべく売りたい、マーケティングを含めて流通自体をうまく変えることができないかというのにトライしています。

【山井社長】 たぶんオンラインのeコマースでやっていて、その流れで触ってもらえる店舗も、実際の卸し先のスノボ屋さんにできないような、バートンさんの直営でしかできないような店舗ってできると思うので。そういうことをeコマースと絡めてやるということはあるんじゃないですかね。

【質問者4（坂東）】 ありがとうございます。

【司会（長沢）】 じゃあ時間もそろそろですが、私から。今の関連で、eコマースというのは、まさにバーチャルな画面の中ですから、まさにアウトドアの経験というものは、売れないというか、訴えることができませんよね。だけど、アウトドアをやった経験自体はSNSで広めることはできるわけです。そこに何か矛盾があるんじゃないか。突き詰めていくと、アーバンアウトドアといいながら、御社の店舗が要するにジャングルとか、あるいは、ものすごく行きにくい、本社よりももっと山の中に、それこそ八ヶ岳の山頂ぐらいにでもないと、本当のところまで行かないんじゃないかというのを一方で感じます。

そこはどのようにお考えでしょうか。

【山井社長】　私すごく、両方見ていて。もちろんハイエンドなところというのは、うちの守らなければいけないところなんですけども、一方で、じゃあ人々が94パーセントキャンプに行かないとしたとき、私は当社の社員に話をするときに、たとえば戸建ての家に住んでらっしゃる人が、都心じゃなくても少し郊外にはいるんですけど。その人たちでさえも、たとえばお休みの日にブランチをお庭で摂るということは、まずしてないよねと。

【司会（長沢）】　そうですね。

【山井社長】　アウトドアって、要はドアの向こうという意味では、その一歩踏み出すということの提案をちゃんとやらないと、決してキャンプには行かないんじゃないかなと思ってるんですね。要するにブランチをお庭で摂るということは、庭付きのおうちに住んでらっしゃる方は、できるかできないかっていったら、100パーセントできますよね。そんなにバーが高いことではない。でも、そこのところできっちりと一歩外に踏み出してもらうように提案するとか。

あと、ドライブって皆さんなさると思うんですけども、ドライブしているときに景色のいいところへ行ったら、テーブルと椅子を出して、パーコレーターでコーヒーを沸かして飲むという行為も、ほとんどの方はなさらないんですけども、そんなことで人生って変わっていくんだと思います。

【司会（長沢）】 社長のご紹介の中で、テレビにお出になったり、ご著書で時の人になったといったことをご紹介しました。ちょっと意地悪な質問かもしれませんが、テレビ番組を観て、わあっとスノーピークファンになる、にわかファンになるというのは、御社のターゲットユーザーを増やすという意味でいい機会だなと思われるのでしょうか。それとも、番組を観て、にわかアウトドアスポーツファンもどきになるのはかえって迷惑だとか、どちらのお考えでしょうか。

【山井社長】 非常にウエルカムな話だと思っています。そういう意味では、われわれのミッションは人と自然をつなぐことなので、「カンブリア宮殿」という強力なメディアによって、実際に2週間でお客さまが5000人ぐらい増えましたし、ベースが10万人の会社なので、2週間で5パーセント増えたってすごいことです。あと、本当の話なんですが、それはちょっと私たちの負けなのかもしれないけども、いきなり、今までキャンプしたくなかったけども「カンブリア宮殿」を観て急に無性にキャンプしたくなって、うちのお店に行って50万買った人とか、30万買った人がかなりの人数いらっしゃったんです。
なので、そういう意味では、そういう人を突き動かすだけのクオリティーの番組なんだと思うんですよね。本来はそのようなメディアに頼らずにお客さまをつくっていかなければならないと思うんですけどね。メディアに頼るということはしたくないけど、そこで取り上げられて、当社のお客さまが増えるのは、幸せな人が増えるということだと思いますので、ウエルカムな話だと思います。

【司会（長沢）】 逆に、御社の中身があるからいいと。中身がなくて、単に持ち上げられているだけだったら迷惑だけどという、そんな感じでしょうか。

【山井社長】 そうですね。「カンブリア宮殿」は僕自身も観ましたが、嘘偽りは一個もないし、捏造もされていないので、比較的等身大のスノーピークが伝わったんだと思っています。あのメディアを通さずに自前でちゃんと伝えなきゃいけないよねという話を社内ではしています。

【司会（長沢）】 では最後に私から。よくお尋ねするんですけど、スノーピークらしさというのは、一言でいうと、どういったことだとお考えでしょうか。

【山井社長】 当社は、スノーピーカーといわれているユーザーさんたちにとって、私たちが特別なブランドであること。その人にとって特別なブランドであり続けられるかどうかが、スノーピークらしさだと思います。

【司会（長沢）】 そうすると、今どのぐらいに到達されているのでしょうか。0／1は答えにくいでしょうけど、7合目ぐらいまで来ているとか、いや、まだまだ2合目だとか。

【山井社長】 たぶん65パーセントぐらいには来ていると思います。

【司会（長沢）】 65パーセントとは微妙な数字ですね（笑）。

【山井社長】 まだ35パーセント余地があると思いますけど。

【司会（長沢）】 そうですか。じゃあ3分の2ぐらいは来ているかなということでしょうか。

【山井社長】 そうですね。3分の2までは結構うまく来ているんじゃないかなと思うんですけど。

【司会（長沢）】 まだまだお聞きしたいかもしれませんが、予定の時間を超過しています。今日は、テレビ番組「カンブリア宮殿」ご出演や『スノーピーク「好きなことだけ！」を仕事にする経営』のご著書出版で一躍「時の人」になられ、超ご多忙なスノーピークの山井社長をお迎えしまして、貴重な時間になりました。どうもありがとうございました。（拍手）

3

松竹株式会社
――歌舞伎の夢と感動

ゲスト講師：松竹株式会社副社長　演劇本部長　安孫子正氏
開催形態：株式会社アルビオン寄附講座「感性マーケティング論」〈第13回〉
日　時：2014年11月10日
会　場：早稲田大学早稲田キャンパス3号館602教室
対　象：WBS受講生

●会社概要●

松竹株式会社

代 表 者：大谷信義（代表取締役会長）、迫本淳一（代表取締役社長）
設　　立：1920（大正９）（創業：1895（明治28）年）
資 本 金：33,018,656,642円
従業員数：525名
連結売上高：889億円（単独売上高：532億円）
連結営業利益：86億円（単独営業利益：52億円）
（以上、2014年２月期および２月末現在）

本社所在地
〒104-8422　東京都中央区築地4-1-1　東劇ビル

主な事業：映像事業、演劇事業、不動産事業、その他

安孫子《あびこ》正《ただし》副社長　略歴

1948（昭和23）年　生まれ
1975（昭和50）年３月　日本大学大学院芸術学修士課程修了
同　年５月　松竹株式会社入社
1995（平成７）年４月　第一演劇部演劇製作室長
1998（平成10）年２月　第一演劇部長
1999（平成11）年５月　取締役就任　演劇本部演劇製作部門担当
2003（平成15）年５月　常務取締役就任
2004（平成16）年11月　専務取締役就任　演劇本部長
2014（平成26）年５月　取締役副社長　演劇本部長（現任）

皆さまは歌舞伎に限らず演劇というものに興味がおありですか。歌舞伎はご覧になったことがありますか？　あまり観ていない？　それは残念ですね。たとえば野田秀樹さんたちのお芝居は？　そんなにご覧になっていないですね。そうすると、ちょっとわかりにくいところがあるかもしれませんけれども、最初、歌舞伎のことからお話しさせてもらいます。

歌舞伎の歴史と松竹

歌舞伎は400年の歴史があるんですけど、まず一番驚くことは、400年前に生まれた歌舞伎が、古典芸能として今の時代にこのように盛んに上演されているということは非常に稀《まれ》なことだと思っています。

これは世界に目を向けてみても、400年という歴史を持った芸能の演劇がどれだけ今の世の中に通用しているかというと、もちろんシェイクスピアなんかはちょうど歌舞伎と同じころに始まって、400年間を経てもさまざまな形で変化しながら続いて、また世界各国で上演されています。

よく歌舞伎と比較されるものに、オペラというのがあります。歌舞伎とヨーロッパのオペラとどこが違うかというところですけれども、まずご存じのように、西洋の場合は発生はパトロン文化なんですよね。ルネサンスから始まって、オペラでもそれが続いていますから、現実的にはヨーロッパ系のオペラハウスというのは、基本的に市であったり公共団体であったり、そういったものの援助によって公演が成り立っていますよね。ですから今、景気が悪くなってくると、いろんなところの予算が削られていって運営が難しくなっているという現状があります。

アメリカではメトロポリタンオペラハウスというのが、一番大きなオペラハウスとしてありますけれど、ここは国とか市とかそういう支援ではなくして、アメリカは寄付文化というのが非常に浸透していまして、多くの寄付によって成り立っています。パトロン文化の影響によって続いているものだと思います。歌舞伎にはパトロンというのは基本的にいないんです。江戸時代から始まって、各小屋が多数ありましたけど、一般庶民のお客さまが木戸銭を払って、その入場料によって存続してきた芸能なんです。ここに日本人の江戸時代からの民度の高さを非常に感じるわけです。それが平成の今日まで続いているということです。

ですから、歌舞伎は400年の歴史を持った芸能なんですけれども、いま現在、直接的にはどこからも援助は受けていません。お客さまが払ってくださる入場料で賄っているというところが、世界的にみても驚くべきことなんです。それはやっぱり江戸時代にいろんな劇場小屋があって、そういったことから成り立ってきた芸能で、その底力で存続してきているのではないかと思っています。

江戸時代には多くの劇場がありましたけれども、興行というのは水物といわれていて、良いときは良いんですけど悪いときは悪いと。それがはっきりして、毎回新作を出すわけですから、当たり外れがあります。たとえば、メーカーみたいにある自動車を造って、それを改良してどんどん造っていくとかそういうことじゃなくて、毎月毎月新しい作品を作っていくということですから当然、当たり外れがあるわけで、平均して興行が継続していかないという歴史の連続でした。よく今日まで400年続いてきたなと思います。

ですから江戸時代の長い間を通して興行主であり続けた方はほとんどいらっしゃらないんです。江戸時代から明治に入りまして、まだまだ歌舞伎というのは現代演劇として世間に受け取られていました。明治の文明開化になったとしても、思想というか考え方という

資料1　第5期歌舞伎座1年の歩み　そして松竹経営100年に

・松竹は白井松次郎、大谷竹次郎兄弟によって、京都の地で創業。

兄弟が京都阪井座の興行主となった明治28(1895)年を創業の年としている。京阪の劇場を手中にし、明治43(1910)年、新富町にあった新富座を買収して東京進出の足掛かりとする。

⇩

当時の歌舞伎座経営陣は、松竹の歌舞伎座買収の妨害活動を工作。

⇩

こうした妨害に耐えたことにより、東京の歌舞伎俳優からの信頼を獲得。

大正2(1913)年10月　大谷が念願の歌舞伎座経営に参画。
大正3(1914)年11月　松竹の歌舞伎座直営興行が始まる。

平成26(2014)年は、歌舞伎座の松竹経営100年の節目の年に当る。

平成26年3月、4月の「鳳凰祭」は、歌舞伎座松竹経営100年、歌舞伎座1周年、さらに先人の碑建立1周年を記念して、今回新たに始めた歌舞伎座の祭典である。

のは、江戸時代の人と明治時代の人でそんなに変わらないんです。文明開化で西洋からいろんなことが入ってきたことによって、多少変わっているんですけど、日本人の意識とか物の考え方というのは、明治からしばらくの間は、前の江戸時代とそんなに変わらないところがあると思うんですね。

今、歌舞伎は松竹という民間会社が、唯一歌舞伎の興行に携わっている会社なんです。その元というのは、明治28年（1895年）に、京都の阪井座というところで、白井松次郎と大谷竹次郎という双子の兄弟が歌舞伎の興行をいたしました。この年を松竹の創業の発祥の年としておりまして、来年（2015年）120周年を迎えます

（資料1）。

この白井・大谷という双子の兄弟がいろんな苦労を経て、歌舞伎を一手に傘下に収めたというところに松竹の歴史があります。松竹というのは「松に竹」と書きますけれども、創業者の白井松次郎の「松」と大谷竹次郎の「竹」を取って、昔は松竹《まつたけ》合名社と名乗っていました。それが松竹株式会社になったということです。

明治の時代には東京でも大阪でも京都でも、いろんな劇場、芝居小屋がありまして、それぞれで盛況していましたけれども、この白井・大谷が明治28年に京都で興行をし始めてから、まず京都、大阪を席巻いたしまして、一挙に芝居の世界のいわゆる寵児となって、さらに東京へ進出してきました。

東京でも、多くの芝居が盛況でありました。歌舞伎座が誕生したのは明治22年（1889年）。当時は文明開化ということもあって、洋館としての歌舞伎座ができ、それから第2期の歌舞伎座が明治44年（1911年）、これはまた和風に戻りまして、そして第3期、第4期の歌舞伎座へと変遷を経ています（写真1）。

白井・大谷は東京へ進出して勢力を伸ばし、とうとう歌舞伎座を傘下に収めることができました。そして名実ともに歌舞伎の興行を一手に握るという、そういう存在になりまし

写真1　第1期、第2期、第3期、第4期歌舞伎座

第1期歌舞伎座
明治22(1889)年11月〜明治44(1911)年7月

第2期歌舞伎座
明治44(1911)年11月〜大正10(1921)年10月

第3期歌舞伎座
大正14(1925)年1月〜昭和20(1945)年5月

第4期歌舞伎座
昭和26(1951)年11月〜平成22(2010)年4月

た。それ以後、もちろん松竹は歌舞伎を傘下に収め興行を続けてまいりました。

明治の時代に文明開化で西洋の文明が一挙に入ってきて、日本文化に大きな変化をもたらしました。たとえば音楽というと、もうピアノ、バイオリン等が主流になり、三味線だとか和太鼓だとか、日本古来の音楽というのは脇に追いやられていきました。それでも、まだ明治、大正、昭和の初めのころは、どこかへ行くと三味線の音色が聞こえるとか、そういうような状況がありましたけど、昭和20年（1945年）以降は大きくがらっと変わってきて、日本の音楽、日本の歌舞伎(演劇)というものが本当に古くさいものだという風潮がはびこりました。

皆さんもご存じのように明治以降、仏像であったり浮世絵だったり、迫害されて、多くの日本固有の芸術、伝統物が外国へ流れていきました。そういう時代であっても、昭和20年以前のところでは、まだまだ昔からの根強い習慣、風俗というのが残っていまして、それなりに昔の演劇興行が維持されていましたけれども、戦後になりますとなかなかそういうわけにいかなくなりました。

まして、第3期の歌舞伎座というのは昭和20年に、戦災の火が入りまして、焼失してしまいました。外観だけは残りましたが、もう歌舞伎座の再建はあり得ないと思われました。松竹の大谷竹次郎がその苦難の道を切り開き、昭和25年(1950年)に第3期の歌舞伎座の土台をもとにして完成させたのが第4期の歌舞伎座で、昭和26年(1951年)の正月に開場を迎えました(写真2)。

この興行は待ちに待った興行だったので、素晴らしい成果を上げましたが、終戦直後からアメリカの占領下に入り、ご存じのように歌舞伎というのは非常に封建的な演劇である、首切りがあったり時代に合わない等の考え方から、歌舞伎の上演が制限されることに

写真２　昭和26年の開場まもない頃の第４期歌舞伎座

© 松竹株式会社

なりました。「忠臣蔵」をはじめ、名狂言の数々がその対象となりました。

そのときに、マッカーサーの副官で来たフォービアン・バワーズさんという方が歌舞伎をその窮地から救ってくださいました。バワーズさんは戦前に日本に来まして、インドの舞踏を勉強しようと思ったときに日本に立ち寄ったんですけど、東京の銀座に出たときにお寺みたいなのがあると思って、お賽銭でも入れようかと思って入って、それが劇場であると。そのときに歌舞伎を観て非常に感銘を受けたといいます。その方がマッカーサーの副官として来られたんです。

そのバワーズさんの非常な影響力もあり

まして、歌舞伎というのはアメリカ人の考えるそういう野蛮なものじゃないんだと。日本独特の素晴らしい文化なんだというようなことを進言した。それによって「忠臣蔵」が上演できるようになりました。このような苦しい時期を経て、第4期の歌舞伎座が開場したのです。第4期の歌舞伎座は華々しく幕を開けましたが、それ以後は苦しい興行が続くなか、何回も歌舞伎の危機を迎えました。

歌舞伎の存亡の危機の時代

しかし、松竹は歌舞伎を創業として始まった会社であり、それを非常に大事にしていたということもあり、全盛であった映画があったことでそれを支えてきたという歴史があります。当時、松竹は歌舞伎と文楽を傘下に収めていました。

ですけれども、昭和30年代、文楽は文楽協会へ移ることになりました。歌舞伎もある意味では、時間の問題とささやかれてもおかしくないというような状況にありました。

映画とか演劇は非常に波がある商売です。ですから松竹は、来年（2015年）120

年を迎えますけれども、たぶん１２０年間、いわゆる映画とか演劇とか興行というものを生業《なりわい》に立てて、１２０年続いてきた興行会社というのは、世界においてもあまり例がないんじゃないかなと思います。

私は昭和50年（１９７５年）に松竹に入りましたけれども、当時の歌舞伎というのは散々たるものでありまして、歌舞伎を12か月間打つことができなくて、一番ひどいときは歌舞伎座で歌舞伎興行は8か月しか上演できない時期がありました。そして、そのうちの半数は赤字公演だったんです。あとの4か月は他の演劇興行、新派の公演であったり、ＳＫＤの公演であったり、それから三波春夫さんの公演であったり、そういったものをしていたんですけども、そういった公演もしだいに開催が難しくなってきました。

昭和41年（１９６６年）に国立劇場ができて、一つのカンフル剤にはなりましたけれども、昭和50年代は国立劇場の歌舞伎も非常に難しく、松竹の歌舞伎も悪くて、本当にどん底状況にありました。いよいよ本当に歌舞伎というものが民間ではもう手に負えないというような時期が来ていました。

ですけれども、当時、松竹の先輩の人たちが、歌舞伎というのは民間の手で成り立っていかないと、本来の歌舞伎というものではなくなってしまうというような信念の下に、どうにかして歌舞伎公演というものを活性化させることができないかということを真剣に当時から考えていました。

当時昭和50年代なんかは、今から思うと古典歌舞伎の舞台は充実していましたが、興行的には反映しない苦しさがありました。その時期は古典を継承するということだけで、新しい動きがなかなかなかったんです。新作というのは出てきましたけども、新作もやっぱりなかなかパワーがないという状況でした。そのときに一つの大きな核になったのが、今ちょっとご病気で伏せっていますけども、

市川猿翁丈 © 松竹株式会社

先代の市川猿之助（現、猿翁）さんが、歌舞伎のパワーってこんなものじゃないんだと。もっと生々しくエネルギッシュなものであるんだというようなことで、歌舞伎の原点に戻ろうということで、新しい歌舞伎を復活しだしたんです。

そのときの歌舞伎というのは、400年、300年、200年の歴史の中で、さらに練り上げられて、磨きがかけられて、古典の芝居として素晴らしいものが存在していました。しか

し、それはそれで素晴らしいんだけれども、これがすべてではないだろう、やっぱり違うだろう、もう一度江戸時代の歌舞伎が発生した精神の原点に戻ろうということで、歌舞伎の埋もれている作品を掘り出してきました。

昭和50年代当時の歌舞伎では見捨てられていた宙乗りや早変わり、そういった見た目の面白さというものと同時に新しいドラマをつくることによって、新しい歌舞伎の動きが出てきました。

しかし、このような公演もなかなか世の中に受け入れられないという状況が続きました。新しい歌舞伎というものをつくり上げていかないと、活性化していかないといけないということで、頑張り続けました。それが昭和54、55年ぐらいから、だんだんと脚光を浴びるようになってきました。

忘れもしませんけども、昭和54年（1979年）に私は歌舞伎座の営業宣伝部にいまして、当時まだ歌舞伎座が8か月ぐらいしか上演できなかったときに、4月に、「新薄雪物語」という通し狂言をしたんですが、当時のそうそうたるメンバーが芸術的な素晴らしい舞台をつくり上げました。しかし、興行的には惨々な結果に終わりました。

歌舞伎の復活
——猿之助の復活狂言、若手歌舞伎、團十郎襲名、金毘羅歌舞伎

ちょうどそのときに、昭和54年の同じ月に、明治座で猿之助さんが「伊達の十役」という お芝居を復活いたしまして、十役早変わりをして、そして宙乗りもあり、芝居もドラマチック。これが大当たりいたしました。猿之助さんが7月の歌舞伎座で公演をすることが決まっていましたので、その「伊達の十役」を2か月おいて歌舞伎座で上演したんです。これは興行主の勘なんですけれども、これが爆発、大当たりしまして、それから以降、猿之助さんが上演する復活狂言というのは、毎回大成功を収めるようになってきました。

当時の歌舞伎興行のお客さまは高年齢の方々が主でありました。それと、演じる方の年齢層も高いという事実がありました。やっぱりそこに一つ問題があるだろうということで、若いお客さまを育てるには若い俳優が活躍する場を積極的につくっていかなきゃいけないということで、昭和55年（1980年）に浅草公会堂を借りまして、若手歌舞伎公演というのを毎年お正月にやるようになったんです。

(上段) 12代市川團十郎丈 (2013年没)
(下段左) 中村吉右衛門丈
(下段右) 18代中村勘三郎丈 (2012年没)

最初は今大活躍している吉右衛門さん、玉三郎さん、亡くなった勘三郎さんが出演いたしました。吉右衛門さんが35歳、玉三郎さんが30前、勘三郎さんが24歳。若い俳優が浅草という歌舞伎に非常に理解のある土地で若手歌舞伎公演をやるようになった。そういうことの流れの中、昭和60年（１９８５年）に、この前亡くなられた市川團十郎さんが海老蔵から團十郎を襲名したんですね。

市川團十郎というのは、歌舞伎にとって一番歴史のある、江戸時代から代々大活躍している大名跡《みょうせき》なんです。その團十郎さんが昭和60年に39歳で襲名したんですけれども、これは歌舞伎座始まって以来、4月、5月、6月の3か月の襲名興行を打ったんです。これは團十郎という重みがあるのと同時に、江戸時代からの大名跡の「團十郎」が、60年ぶりに復活したということで、マスコミ関係がいい意味で非常に取り上げてくれまして、これはただ単に歌舞伎の公演ということでなしに、「今、團十郎が生まれる」というようなことで、非常に社会現象になって、團十郎襲名を盛り上げていただきました。

4月、5月、6月に歌舞伎座で大入満員を続けました。7月にはアメリカのメトロポリタンオペラハウス、ワシントンのケネディ・センターホール、ロサンゼルスのルイス・ホールという三劇場でひと月半の興行を打ったんですけど、これも大成功だった。10月に名古屋、12月に京都、それから翌年4月大阪、そしてその年、昭和61年（1986年）の7月から9月にかけて、日本全国70か所ぐらい回ったんです。

これが非常に社会的現象になって、多くのお客さまが歌舞伎を観てくれるということになりました。と同時に、猿之助さんの復活公演もどんどん作品が生まれてきました。そして、昭和55年に始まった浅草の若手歌舞伎公演が毎年、大入を続けるようになった。そういうことを経てくるうちに、だんだんと歌舞伎座の歌舞伎公演も9か月できるようになり、10か月できるようになってきたんです。

そして、昭和60年にもう一つ大きいことがありました。四国に金丸座という芝居小屋があるんです。金毘羅さんのところに。それは、今現存する最古の劇場なんです。江戸時代の末期ですけども。それはただ劇場、芝居小屋だけじゃなくて、文化庁の重要文化財になっていまして、観光客のお客さまに芝居小屋を見ていただくという、そういう状態だったんですけども、四国の金丸座、金毘羅の人たちが、やっぱり劇場というのはお客さまが来て、芝居がそこで行われるからこそ価値があるということで、文化庁さんと相談のうえ、公演を行うことができるようになりました。

昭和60年に初めて3日間だけ公演をしたんです。それから以後ずっとやっていまして、

写真3　平成22年4月28日「歌舞伎座さよなら公演」千穐楽

© 松竹株式会社

これが大盛況で。お客さまにとってもそうなんですけども、江戸時代の歌舞伎というのはまさにこういうもので、本当に全部升席で７００、８００人ぐらいの小屋なんですけども、すぐそこでやっているという。そこへ歌舞伎の俳優さんが毎年行くようになって、江戸時代の歌舞伎というのはいろいろ話には聞いていたけれども、実際にやってみると本当にお客さまとの接点が近いなと。アングラみたいなものですよね。そういうようなことが出てきて、歌舞伎がいろんな意味で活性化してきたんです。

　そういうようなことをしていくと同時に、平成元年（１９８９年）の8月にＳＫＤの歌舞伎座の公演があったんですけど、平成元年の9月から歌舞伎が毎月12か月間、歌舞伎座で初めて上演できることになったんです。これは長い演劇の歴史でもそんなことはないわけで、昔の江戸時代でも12か月間歌舞伎がずっと行われていたという歴史はないわけで。そういう意味で、歌舞伎座で毎月歌舞伎の興行が、基本的に25日間昼夜50回興行があるというようなことが、平成元年の9月からずっと行われてきまして、それがこの前の「歌舞伎座さよなら公演」（写真3）まで、そして劇場が、歌舞伎座がなくなった間もその間、新橋演舞場で。そして、歌舞伎座が再開場されて今日まで来ています。

歌舞伎の新しい作品づくりと活性化

その間、歌舞伎座の興行はもちろん一度の赤字もないという状況を続けています。古典というのはただ単に受け継いでいくだけでは駄目で、本当にきちんと受け止めるためには、きちんと積極的に保存するというか、揺るぎない信念がなければいけないと思います。しかし、それだけでは駄目なんです。そこに、ここにぶつかっていく、さっき言った復活狂言であったり、新しい作品づくりという動きが生まれなくてはいけないんですね。本当にその両輪が非常にうまく進んでいます。歌舞伎400年の歴史の中でもこんなに繁栄している時代、こんな30年というのはないんじゃないかと思います。

ですけども、江戸時代にはもっともっと多くの歌舞伎小屋がありました。今の時代は本当に限られているというところで、そう単純に比較はできないんですけども、でもそれがその間何に支えられたかというと、お客さまが、入場料を払ってくださる方がいるからこそ、今日のような状況になっているわけで、そこはとても素晴らしいことだと思います。

歌舞伎は運営していくために非常にいろんな形で、お互いに努力に努力を重ねてやっているところがあるんですよね。ほかの演劇には、歌舞伎公演のように25日間昼夜50回公演なんかないんです。それを批判されたこともあるんですけど、でも批判されても興行会社と俳優さんと、それだけやっていかなければ、歌舞伎は運営できないというところがある。それは歌舞伎役者さんの生活もそうだし、衣装さん、床山さんとか、大道具、小道具。歌舞伎が無くなったら生活を失う人がいっぱいいるわけで、そこがそれだけできたことによって、繁栄につながっています。1日1回公演の25回にしたらある程度の数字が決まって、ほとんど利益は出ません。それを50回やることによって興行が安定してきます。そうしていかないと歌舞伎を運営していくことができません。

今でも文化庁のほうで国立劇場、日本芸術文化振興財団には大きな予算を持っています。そのほかにもいろんな劇団を援助しながらという、そういうプログラムもありますけれども、そういう意味では歌舞伎は松竹が民間でやっているので、民間には国からの直接的な援助というのはまったくないわけです。日本を代表する民間芸術である歌舞伎というものを一民間企業が支えているという現実は、これは世の中にとっては非常に稀有なことなので、それだけに私たちが今、歌舞伎の興行というものができなくなってしまったら、歌舞伎はもう命を失ってしまうものだと。それは形としては、ひょっとしたら博物館的な歌舞伎として残るかもしれませんけれども、そこにエネルギーというものを持っていかないと駄目なわけです。

そういったようなことの中で新しい動きが出てきて、さらにそれを加速したのは、一つはやっぱり勘三郎さんの影響が多いと思います。勘三郎さんは四国の金毘羅さんに行ったときに、江戸時代の歌舞伎はこういうものだったのかと。こういう芝居を、歌舞伎座は非常に大きいですから出来上がったものをしているから、もう少し小さい空間で何か歌舞伎のエネルギーを、また猿之助さんとは違った歌舞伎を世の中に発信できないかというところで、たまたまシアターコクーンができまして、コクーンの人たちと新しい渋谷という若者の街で歌舞伎をやりたいねということで、最初は演出家の串田和美さんに一度金毘羅さんを観てもらおうということになりました。勘三郎さんと意気投合し、東京に帰ってコクーン劇場を見たら、ここだったら金毘羅さんのイメージの芝居小屋ができるんじゃないかと。前のほうの椅子を取っ払って、桟敷にして、そういう空間にしてやろうということになって、そこからコクーン歌舞伎が始まりました。

そのときに始まって、串田和美さんと勘三郎が組んで、「東海道四谷怪談」とかそういったものを新しい目で見直した、新しい歌舞伎をやろうということでやって。これがコクーン歌舞伎ということで、これがまた若い人たちに第1回目から本当に大勢詰めかけていただいて、新しい歌舞伎の動きを示してきました。それが今日までずっとつながっています。

そういう意味で、猿之助さんの復活狂言の新しいもの、それから浅草で若手の歌舞伎をやってきたこと。そして、金毘羅さんでの原点に立ち返る、そしてそこからコクーン歌舞伎が出てきて。さらに、江戸時代の芝居小屋をつくろうよということで、浅草の皆さんと折衝して、最初に隅田公園で700、800人は入れるテントで芝居小屋をつくってしまったんです。それが平成中村座です。

中村座というのに皆さん行かれた方があるかもしれませんけど、前は桟敷席、土間に座っていただいて、後ろは椅子席ですけども、床几といってただ椅子が並べてあって、背もたれがないいんですけどね。そういったことで、芝居の街の賑わいを見せるということで、浅草のいろんなお店、いろんな工芸品を作っている方とか、そういった人たちにも参画していただいて、芝居小屋の空間をつくって公演が行われました。ありとあらゆるものが生まれてきて、それが歌舞伎の活性化につながって、そういったものが本当に歌舞伎を支えてきてくれたんだと思います。

そうすると、確かに最初は勘三郎さんのコクーン歌舞伎に、多くの若い人が詰めかけたんですけれども、その若い人たちが今度は勘三郎さんが歌舞伎座で古典の芝居をやったときに、果たして来てくれたかというと、最初はあまり来てくれませんでした。だから、当初はそういうことはどうもつながっていかないのかなと思いましたけども、でもこれはやっぱり時間なんです。5年、6年経ってくると、やっぱりそこに来られた方が歌舞伎座に来てくれる。また、勘三郎さんもシアターコクーンでやったものを歌舞伎座でやるというようなことの中で、お客さまが本当にどんどん増えてきたということがあります。

と同時に、歌舞伎の中で、その中でもう一つ面白かったというのは、今の歌舞伎がビジネスとして非常に成り立っているところに大きいことは、昔は江戸時代というのは、芸能というのは歌舞伎とか人形浄瑠璃とか、そういうものしかなかったわけで、声のいい人は歌舞伎に入ってきて、長唄を歌ったりとかいうことがあったり、いろんなことがあったわけですけど、才能が集まってきていたんですね。

今はもうありとあらゆる芸能があって、演劇でもいろんな演劇がありますから、逆にそういった才能というのが、小劇場その他にいっぱいいらっしゃるわけです。そういう人たちの力を借りるということが大事だと。まずコクーンで串田和美さんと仕事ができるようになりました。また勘三郎さんは野田秀樹さんと非常に親しかった。今度は野田さんと組んで、野田さんの芝居を歌舞伎座でやる。

そうすると新しいお客さんがみえる。シアターコクーンでコクーン歌舞伎があったときに、そのちょうど同じ月にパルコ劇場を借りることができたんです。そこで両方の劇場で歌舞伎をやろうということで、シアターコクーンではコクーン歌舞伎をやって、パルコでは三谷幸喜さんに脚本を書いていただいて、染五郎さんと今の猿之助さんで「決闘！高田馬場」という歌舞伎を競演することになりました。

それから、歌舞伎座のさよなら公演に、宮藤官九郎さんに「大江戸りびんぐでっど」という、ゾンビが出てくる歌舞伎をやったんです。これは私もどうしようか迷いましたけれども、でもやろうと。「大江戸りびんぐでっど」を歌舞伎座はかけるんですかという、結構賛否両論があったんです。その賛否両論があるということもとても大事なことで、そこから活性化が生まれます。そのほかにも渡辺えり子さん、G2さんにも書いていただきました。

そして今度は、シェイクスピアの「十二夜」を歌舞伎でできないか。江戸時代に舞台を設定して蜷川幸雄さん演出の「NINAGAWA十二夜」、歌舞伎版の「十二夜」を作りました。そして、歌舞伎版の「十二夜」をイギリスで上演してきました。そういうようなことをどんどんやって、一般演劇で活躍している才能を、歌舞伎にも入ってきていただこうというようなことが非常にうまい形で皆さんの協力を得て、歌舞伎が活性化してきているんですよね。

歌舞伎のビジネスとしては、一番強いのは、歌舞伎っていう400年続いてきたエンターテインメント、これはだてに400年続いているわけじゃなくして、それが続いてきたということは、やっぱりそこにお客さまの共感を得ている歌舞伎の面白さというのがあるわけで、それが昭和50年代ぐらいまでは、その面白さは一色だけだったんですよね。それがいろんな歌舞伎が出てくることによって、毎月毎月、歌舞伎の上演というのが非常に面白くて、また次に観に来るというようなことになってきました。

襲名興行とスーパー歌舞伎の継承

平成22年（2010年）に、老朽化が激しいということで、歌舞伎座を建て直すことになりました。その間3年間は、私たちの歌舞伎興行は大変でした。特に1年目は東日本大震災があって多くのお客さまのキャンセルがあり、その年は非常に新橋演舞場で苦労しました。

歌舞伎座ができたときには、当面は新しい歌舞伎座で、歌舞伎座の代表的な芝居をもっていくということがあるでしょうけど、と同時に新しい動きも出していかなければいけないというようなことを考えていまして、そのためには普通は襲名というのは歌舞伎座でやるんですけども、2つの大きい襲名を新橋演舞場で興行いたしました。

これは、前の勘三郎さんのお元気なときにいろいろ相談を持ち掛けて、そろそろ勘太郎さんに勘九郎という名前を襲名させて、次の時代の中心になってくる俳優さんとして育っていくためには襲名が良い機会ということで、演舞場、中村座で2か月にわたっての興行を行いました。

そしてもう一つは三代目猿之助さんなんですけども、お具合が悪くて、なかなか舞台に復帰ということはできないでいました。平成24年（2012年）は三代目猿之助さんの祖父猿翁さんと父の三代目段四郎さんの50回忌になるので、1日でも舞台に出ていただきたいなと。そしてそのときに、新しい猿之助というのを誕生させたいということで、猿之助襲名ということに結びついたんです。

さらにうれしいことには、猿翁さんのお子さんである俳優の香川照之さんが、これを機にお子さんに、歌舞伎の道を進んでもらいたいという想いと同時に、自分は父を支えていきたいというようなことで、歌舞伎役者になるという決断をしたわけです。

そのことがあって、その2つの大きい興行が歌舞伎座がない間に盛況をもたらしてくれました。根本は新しい歌舞伎座ができたときに新しい歌舞伎座の原動力というものもあるけども、新しい歌舞伎というものをさらにつくり続けていかなくてはならない。そのためには多くの核になる俳優さんが必要となってきます。

（左）市川猿之助丈、（右）市川中車丈（香川照之）© 松竹株式会社

猿之助さんに関しては、今年（2014年）の3月の新橋演舞場、そして4月の松竹座と、2か月ロングランで新しいスーパー歌舞伎というのをつくったんです。今の猿翁さん（前の猿之助さん）が復活狂言を掘り起こしてきたことから、さらに現代に新しい作品を創造していこうということで、昭和61年に、梅原猛さんの作品の「ヤマトタケル」というのを、現代音楽、和風音楽を使いながら言葉は現代語で、さまざまの常識を覆して、スーパー歌舞伎の「ヤマトタケル」がロングラン上演したのです。これが大成功で、以降8作、新しい作品を作ってきました。

そのスーパー歌舞伎というものを新しい

猿之助さんが継承することになりました。スーパー歌舞伎Ⅱ「空ヲ刻ム者─若き仏師の物語─」で新しいスーパー歌舞伎の幕が開きました。演劇界で大活躍している前川知大さんに作品を書いてもらって、そして猿之助が主演なんですけども、佐々木蔵之介さんと浅野和之さんと福士誠治さんという、外部で活躍されている俳優さんに加わっていただいて、新しい歌舞伎を創造してまいりました。古典の芝居に新しい人が入ってくるということはなかなか難しいけれども、歌舞伎の演出技術というものをもとにしながら、現代の作品、新しい作品を提供するときにいろいろな人が関わってくれるということは、歌舞伎の活性化につながっていくことだと思います。そういうことができるようになりました。

そうすると本当にお陰さまで、面白いようにお客さまが来てくださる。そういうときに、歌舞伎はなんと幅広い演劇なのかと思います。ですから、400年、300年、200年続いてきて、築き上げ、磨き上げられた古典はもう変えようがない。これはこれで素晴らしい。だけどこれだけではいけなくて、と同時に、これに負けまいとするために新しい歌舞伎をつくっていく、ぶつかっていくというか、その興行がここ数十年間、一つずつできたことが歌舞伎のビジネスにとって非常に成功している要因だと思います。

歌舞伎ファンの裾野を広げる

そして、去年（２０１３年）の歌舞伎座は、１年間で4月から今年（２０１４年）の3月まで、有料入場者数１３２万１５６５人という入場者数を記録しました。一劇場では考えられない、お金を払って観てくださる方が年間に１３２万人もいる劇場は、どこにもありません。それは昼夜2回興行をする。特にまた去年の場合は、柿落《こけら》とし、4月、5月、6月は27日間公演3部制というのをやりました（写真4）。午前11時から始まる回、午後2時半から始まる回、夕方6時から始まる回。今、世界で数字が出ているところで、アメリカのメトロポリタンオペラハウスが、昨年の発表では65万人から多くても80万人ぐらいということで、どれだけ圧倒的な支持を受けているかということだと思います。

そして歌舞伎のお客さまの分布をみますと、40代、50代、60代という人が非常に多いんですね。それに比べると、10代、20代、30代は3割ぐらいです。ですから、やっぱりお年を召した方が多い演劇であることは間違いない事実なんですけれども、そうすると若い人は来ないというイメージがありますよね。

写真４　新しい歌舞伎座最初の演目「壽祝歌舞伎華彩鶴寿千歳」

© 松竹株式会社

ですけども、考えてみていただければ、ひと月で10万人のお客さまがいらっしゃいますね。３割といったら３万人なんですよね。３万人が10代、20代、30代。たとえば今、演劇界でもプラチナペーパーで切符が取れない野田秀樹さん、三谷幸喜さん。８００席の劇場を標準とすると、30回の公演で２万５０００人。２万５０００枚切符が売れたら、もう切符がないわけだから、もうプラチナペーパーですよね。

歌舞伎の場合、10万人。６万人ぐらいだったらがらがらですよ。去年（２０１３年）はちょっと特別ですけれども年間に１３２万人。月にすると10万人以上です。10万人としても３割というと、３万人ですよね。3万人のお客さまが10代、20代、30代の方々ということになります。ということは、歌舞伎というのは意外と若い人が来ていないようで、来ているんですね。

新しい演劇で2万5000人。それと同じ世代の方々が歌舞伎座に来ているんですよ。そして違うところは、歌舞伎座は40代、50代、60代の方々がプラス7万人来ているということです。そうすると歌舞伎というのは、お客さまの層がとても広いということです。歌舞伎は幅広いお客さまが来てくださっている最高のエンターテインメントだと思います。これが成り立っている。そこは俳優さんも1日2回公演というのは大変なことですが、歌舞伎を維持していくためには、それをやっていかなきゃならないということですよね。そういうような背景があるわけです。

もう一つ面白いことは、私たちが昭和50年代から60年代にアンケートを採りました。その時代も40代、50代、60代が70パーセントなんですよ。30年後の今日も、40代、50代、60代が一番多いんです。ということは、30年前に10代、20代、30代の人が、30年後に70パーセントのところにきているんです。

ですから、そういう意味で、今はそれだけ10万人のうちの2万、3万人というと大多数ではないんですけれども、30年前もそうだったんです。ですから、30年後も同じ結果が出てくるのではないかと思っています。歌舞伎というものをエンジョイしてもらうためには、若い方にももちろんのことですが、歳を重ねた人により喜んでいただけるような演劇であるかと思います。

でもちょっと残念なのは、歌舞伎好きの長沢先生みたいな方が大勢いらっしゃればいいんですが、確かに男性と女性との比率は、これはどこの演劇でもそうだと思うんですけど、圧倒的に女性が多いんです。7：3ぐらいかな。7：3までいくかなというぐらい女性が多い。だから男性客をどう増やしていけるかがこれからの課題です。でもここ近年、団塊の世代が結構、今ご夫婦で来られるというパターンが多くみられ、少しずつですけど男性客が増えています。

今、歌舞伎座を中心に頑張っている俳優さんのトップはだいたい70代なんです。玉三郎さんが60代、亡くなった勘三郎さんが50代だったんです。橋之助さんクラスが40代、そして染五郎さん以下、愛之助さん、獅童さん、それから海老蔵さん、菊之助さん、松緑さん、勘九郎さん、七之助さん、猿之助さん等が30代から40代ですね。

各年代によって、歌舞伎を引っ張っていくスターがいるんです。来年（2015年）の浅草歌舞伎では、昭和60年生まれ、29歳の尾上松也さんが中心になって行われます。次の

（左）市川染五郎丈、（右）尾上松也丈 ©松竹株式会社

2人、中村歌昇さんと坂東巳之助さんが平成元年生まれの25歳。次が平成5年生まれの俳優が4人、中村米吉さん、中村児太郎さん、中村隼人さん、中村種之助さん。若手7人で、浅草の歌舞伎公演が実現します。

もちろんこれは若い人の興行、若い人を引きつけると同時に、逆に歌舞伎のご年配のファンにも新しい俳優がどういった演技をするかということは、非常に親心的な気持ちで見てくださるということもあるので、良い公演になると思います。こういうことの結果として、若い世代の、20代、30代の人が頑張っている姿を見せないと、20代、30代のお客さまは増えません。

そこに共感を得るためには、若いお客さ

まを育てていくためには、若い俳優さんを育てて劇場をいっぱいにしていくということが大事です。昭和55年から浅草歌舞伎というようなものをやってきたり、若い俳優人が力をつけてくると、いろんな劇場で若い人の公演が行われる。そういったことが積み重なって、歌舞伎の裾野が広がってきているという実感があります。

それともう一つ、私たちは10年ほど前から考えているんですけど、どうしても劇場文化というのは大都市にしか劇場がないものですから、地方へ巡業というのは市民会館でやるんですけれども、年に1回行けるかどうか。じゃあ歌舞伎の面白さを映像で表現できないかということで、シネマ歌舞伎というのを10年ほど前から行うことになりました。映像を非常に鮮明にして、いろんな角度からアングルをとって、そして演劇でもない、映画でもない、映像と演劇をあわせたシネマ歌舞伎というのを、10年前ほどから上演していく機会を持ちました。特に勘三郎さん、玉三郎さんの作品が最初は多かったんですけども、これですと、今はデジタルがどんどん各地方の映画館にも普及されて、10年前に始めたときに比べてはるかに上映回数が増え、多くの映画館で上映できるようになりました。

それによって歌舞伎の面白さというものを知っていただいて、今度は生の舞台を観ていただこうというようなことがあります。これは期せずして、私たちが友好を深めさせていただいているアメリカのメトロポリタンオペラハウスというところがそういうことをやり始めまして、実は7、8年前になりますか。やっぱりアメリカでも、METでも、若い人がなかなか劇場に詰めかけていただけない。どうしたらいいかということで、メトロポリタンのゲルブ総裁がオペラ歌手の人たちを説得して、土曜日の午後にオペラの生中継をアメリカ全土、ヨーロッパの何千軒の劇場に生中継を行いました。

それをやることによって、全世界の人にオペラを観てもらうと。そしてそれを観てもらうことによって、今度は劇場に詰めかけてもらいたいと。そういう運動をして多くのファンを獲得しているんです。私たちがちょうどシネマ歌舞伎をやろうとしたときと重なっていて、今、松竹のSMTの映画館では毎シーズン、METのライブビューイングを上演しています。

日本の場合は時差があるので生中継はできない。と同時に、言葉の問題があるので字幕スーパーを入れるので、3週間からひと月後の上映となりますけれども、お客さまが増えているという結果をみると、映像とスクリーンとを使いながら、演劇文化というものを伝えていくというようなことが、これからの大きなテーマの一つになっていくと思います。

一人でも多くの方に知ってもらうということが大事です。歌舞伎をあまりご覧になっていない方、そういう人が本当に大勢いらっしゃるので、そういう人たちにも何か歌舞伎というものを観ていただく機会を、どんどん仕掛けていきたいというふうに思っています。

そして今、新しい外の演劇の才能を、さっき言ったように歌舞伎の世界にも加わっていただいて、そういう新しい才能の方の芝居を観ている方を、少しでも歌舞伎のほうに取り入れていくというようなことを、本当にここ20年ぐらいできたのですが、非常に大きな成果が上がっています。

それともう一つは、歌舞伎愛好者の会員組織をしっかり作っていくということがあります。歌舞伎会は全国組織で、今5万人ぐらいの会員がいらっしゃるんです。その方たちがコアの歌舞伎ファンとして支えてくださっています。

これからの歌舞伎興行は、伝統をきちんと継承し、新しい作品を創造し続けるという両輪を大事にしていきたいと思います。それこそがここ20年間歌舞伎ビジネスとしてうまく展開できたことだと思います。これからどういうふうに展開していくかわかりませんけれど、歌舞伎ビジネスというものを、これからも歌舞伎というものが生命力を持って、次の100年も続けていけると確信しています。（拍手）

質疑応答

【司会（長沢）】 どうもありがとうございました。それでは質問ですが、まず私から。尾上松也さんが活躍しているというお話がありましたが、オンワードの「五大陸」の広告にも登場していますね。

【安孫子副社長】 「五大陸」の若い歌舞伎俳優さんのスーツ姿の広告って見たことはありませんか。ないかな。

【司会（長沢）】 愛之助さんが筆頭で、松也さんは2番目の男ですね。前ＡＫＢの前田敦子さんの恋人だと芸能誌で噂された歌舞伎俳優です。とてもいい男で、そういうことでも有名になりましたけれど、最近、活躍が目立ちますね。

【安孫子副社長】 尾上松也さんは子供のときから名子役でした。今年（２０１４年）のシアターコクーンでは、初めて、勘九郎さんと七之助さんと松也君とで「三人吉三」を上演しました。大ブレークし、これからの若手のリーダーとしての活躍が期待されています。

【質問者１（大鶴）】 大鶴と申します。ありがとうございます。私はＴＢＳ勤務なんですけど、2010年までニューヨークに駐在していました。先ほどおっしゃられたメット（メトロポリタンオペラハウス）のライブビューイングも御社の張本さんと一緒にお手伝いさせていただきました。

【安孫子副社長】 ああ、そうですか。

【質問者1（大鶴）】 平成中村座で先代の勘九郎さんがやられていたときに、僕も初めて観ました。当時、今の勘九郎さんにも取材をさせていただきました。あの初めて歌舞伎を観たときに、僕は非常に感動しました。僕はもともと東京ではなく、九州の人間なので、歌舞伎にはほとんど縁がありませんでした。僕の同級生もたぶん観たことがない人がほとんどだと思います。歌舞伎とか演劇というものを観る機会を持つというのは高尚な家庭で、敷居が高いのかなということを、非常に僕自身は感じていました。そこで、質問が2つあります。

先ほどヨーロッパはパトロン文化があるとのことでした。僕もニューヨーク勤務のときはメトロポリタン歌劇場のすぐ近くに住んでいたので、そのときにカタログというか演劇の表を見ると、誰々がいくら払ったとかいうのがバッと後ろに載っていて、こういうので成り立っているんだなというふうに思いました。先ほどおっしゃられたように、コアなファンの皆さん、非常に歌舞伎を愛してくださっている方に支えられて歌舞伎が維持されるのが一番いいとは思います。それでも、たとえばパトロン文化のように、しっかりとした支えてくれる人を確実に手に入れたうえで、なおかつコア層を育てていくというのが、もっと好ましいのではないか。それには寄付文化が根付いていない日本においては、難しいように思います。寄付金控除とかを使ってという動きもあるんだと思いますけれど、そういう寄付獲得を今後考えていらっしゃるのかという点を、まずお聞きしたく思います。

【安孫子副社長】 それは歌舞伎座の新開場の折にオフィシャルパートナー、歌舞伎の応援団として各企業の方たちに寄付をいただくことになりました。いただいたものを歌舞伎の海外公演に充てるとか。歌舞伎座ギャラリーでの展示、催し、そういう啓蒙的なことに、頂戴した寄付を使わせていただいています。今までできなかったことをやっていこうというような動きが始まりました。

今までの海外公演では、文化庁とか外務省の文化予算をいただきましたが、最近はなかなか予算がなく、難しくなっている現状です。そのために、私たちもいろいろな企業にお声を掛けさせていただいて、そこからの資金をもとにそれで海外公演が成り立っているということですので、これからもお力をいただければありがたいことです。

【質問者1（大鶴）】　すみません。もう一点。僕の感覚でいえば、歌舞伎というのは高尚な場です。したがって、たとえば海老蔵さんとかが非常に好きだという人以外は、なかなか行かない人が多いところだと思っています。実際にコアな層の方というのは、そういう感性の価値をわかっている方が多いのでしょうか。それとも本当に広く平たい普通の方でも、普通に観に行くという感じでしょうか。

【安孫子副社長】　いや、それは広いですよね。

【質問者1（大鶴）】　そうですか。

【安孫子副社長】　どこの新聞ということはないけど、広告を打つ場合に、やはり、その演劇が活きる新聞社を選びます。

【質問者1（大鶴）】　経営者層とか富裕層みたいな方が中心というわけではないのですか。

【安孫子副社長】　いや、歌舞伎を観る場合に、歌舞伎って高いというイメージがあると思います。確かに1万8000円という席もあります。しかし1800席のうち3階席の料金は、6000円と4000円なんですよ。それからその上に一幕見席という席があります。そこは一演目を1000円ぐらいで観られるところなんですよ。その席を合わせると、1日1公演500席あります。5000円ぐらいの席が。ということは、50回公演で

2万5000席あるんです。

今月は、市川染五郎さんが夜の部で「勧進帳」の弁慶を演じています。一幕見席でそれだけ観たいということであれば、1500円で観られます。ものによっては、短いものは1000円で観られるとか。料金って、TBSさんのACTシアターでも5000円で観られる席は、ワンステージに500席もないでしょう。

【質問者1（大鶴）】 ないですね。

【安孫子副社長】 だからすごくリーズナブルな席がいっぱいあるんですよ。でも、みんな高い、高いと思われちゃうんですよ。

【質問者1（大鶴）】 確かにそうですね。高いというイメージがありますから。

【安孫子副社長】 それをどう打破していくかということは、いつも問題になっているんだけど、そういう質問があるときにみんなこういうふうにお答えしていこうということなんですね。

【質問者1（大鶴）】 ありがとうございます。観に行きます。

【安孫子副社長】 ぜひ観てください。TBSさんもACTシアターをつくられて、そこでどういったものにするのか大変だと思います。だけど私たちは、歌舞伎役者をはじめ歌

松本幸四郎丈　© 松竹株式会社

舞伎に関わっている人の生活を全部考えなきゃいけない。多くの人に来ていただいて、その興行が成り立ち、利益を出して、大勢の関係者の方々の生活を維持していくという大きな使命があります。

【質問者1（大鶴）】　専属の床山さんとかいるんですか。

【安孫子副社長】　床山さんは今現在、立役中心の会社が2社、女形中心の会社が1社ございます。私たちと運命共同体ですね。

【質問者1（大鶴）】　ありがとうございます。

【司会（長沢）】　ほかの質問はいかがですか。今月（2014年11月）の「勧進帳」ですが、染五郎さんの弁慶は初役ですね。

【安孫子副社長】　そうなんですよね。初役で頑張っていらっしゃいます。

【司会（長沢）】　お父様で早稲田大学特命教授の松本幸四郎さんが1100回もやっているのに。そのあたりは安孫子演劇本部長の采配でしょうか。染五郎さん、弁慶役はもうちょっと待ってとか。

【安孫子副社長】 いろんな状況があって、当人もお家の芸である弁慶をやるからにはということで、今回の上演ということになりました。

最近の歌舞伎といえば、今年（2014年）の10月に大阪の松竹座で、片岡愛之助さんで「GOEMON」の芝居を新しく作ったんです。その興行に、ジャニーズの今井翼さんが出演されました。

徳島の大塚製薬の大塚国際美術館に、イタリアのシスティーナ教会とまさに同じものが陶板で作られています。

そこのシスティーナ礼拝堂というところで以前、「GOEMON」の芝居を上演しました。その後、大阪の松竹座で再演の機会を得ました。五右衛門というのはわかっている部分とわかっていない部分があるんですね。豊臣秀吉と友達だったという芝居もあるし、あの時代であることは間違いないんですが、いろんな設定ができるんですね。

今度の「GOEMON」は、五右衛門がエスパニアから来た宣教師と明智光秀の家来の娘、その2人の間に生まれたのが五右衛門という設定にしているんです。

そして時が秀吉の権力になったときに、秀吉が宣教師を国外追放してお父さんがエスパニアへ追いやられてしまう。お母さんは自害する。そういう秀吉を亡き者にしようという五右衛門、という像をつくり上げたんです。

そのときにエスパニアということなので、フラメンコを芝居に採り入れようということで、フラメンコの第一人者の佐藤浩希さんに舞台に出ていただいたんです。そのときに、今井翼さんが佐藤さんのお弟子さんなので観に来まして、それで感銘を受けて、主演の愛之助さんと意気投合して、今回の出演につながりました。1人で歌舞伎に入ってもらった。洋服姿で出てくるんですけどもね。当然、五右衛門が小さいときに追放されているので、2人が一緒の場面はないため、回想場面で一緒に舞台での共演となりました。いろんな可能性を見いだして、それは新しい作品づくりという、歌舞伎の演出の中でやっていくということで出来上がった作品です。

この上演でそれまで歌舞伎を観てくれなかった、ジャニーズの今井翼さんのファンの方々が相当来てくださったんですよ。それが全部結びつくかどうかはわかりませんけれども、そういうような努力が、先へ実を結んでくるきっかけになると信じています。そこが歌舞伎の面白いというところです。

【質問者2（坂東）】　今日はどうもありがとうございました。坂東と申します。有料入場者数に関してですけど、単純に130万人という数に非常に驚いております。ものすごい規模なんだなということで。私もスポーツブランド会社に勤務してイベントも担当しています。そこで、すごく興味があるのですが、外国人の入場者数というのは130万人の中で伸びていますか。

【安孫子副社長】 歌舞伎座だと月に2000人ぐらいかな。歌舞伎座では、イヤホンガイドというのを導入して、歌舞伎の説明をしてくれるサービスがあります。歌舞伎が非常にわかりやすくなったということで、多くのお客さまに利用されています。それで今度新しい歌舞伎座ができたときに、椅子の後ろに、それとは別に字幕スーパーを出すようにしたんです。それが来年（2015年）から英語版も登場します。

それからウェブが発達してきたので、今、松竹のサイトで外国から申し込むということもできるようになりました。この7年間で興行収入が1億円といったところです。だから、私たちもアメリカなんかへ行くときにブロードウェイの切符なんかを買っていきますよね。そういうことを今やり始めて、それはどんどん増えていくんじゃないかなというふうに思いますね。

【質問者2（坂東）】 アジアの方々はいかがでしょうか。

【安孫子副社長】　アジアの方は、来ていただくというようなことであるんだけれども、もうちょっと先かな。なかなかアジアの方で歌舞伎座というのは、現在のところあまり見かけないですね。イギリス、ドイツ、フランス、イタリア、ヨーロッパ全般。そしてロシアからのお客さまが多いですね。それとアメリカですね。

【質問者2（坂東）】　ありがとうございます。

【司会（長沢）】　客席で見ても、一目見て西洋人の方が目につきますね。先般、私が歌舞伎座の三階席で観劇しておりましたら、横のほうで30、40人分の席がまとまって空いておりました。変だな、と思っていたら、一幕目が終わって二幕目になると、そこにわあっと40人ほどの外国人がやってまいりました。はとバスか何かのツアーに組み込まれていて、人気があるみたいですね。

【質問者2（坂東）】　外国人客といえば、日本橋三越とか百貨店でも多いという話がありますが。

【司会（長沢）】　外国人が多いのは、銀座のほうでしょう。

【安孫子副社長】　今、銀座へ行ったらやっぱり中国の方、アジア系の方が相当いらっしゃるけど、歌舞伎座の劇場の中まではちょっとあまりないですね。やっぱりヨーロッパ、アメリカの方がほとんどかな。

【司会（長沢）】 国際会議なんかで、海外のプロフェッサーと一緒に東京都心を移動していると、やはり歌舞伎座の建物は、あれは何だって訊かれます。あと築地本願寺も。その2つは必ず訊かれますね。

【安孫子副社長】 歌舞伎の展示をしている歌舞伎座ギャラリーというところはあるんですけどね。そこへは観光客の方はみえているかもしれないですけどね。あと今、歌舞伎座がすごいのは、地下広場ですね。一度来ていただきたいと思うんですけど。

地下に広場をつくって、東銀座の駅からそのまま歌舞伎座の地下に入って、それで上へ上がって歌舞伎座に入るという構造になりました。それは東京メトロさんのご協力があって実現しました。そこが、木挽町《こびきちょう》広場という広場になっていまして、毎日、縁日みたいなにぎわいを呈しています。

浅草のような、縁日の街みたいな広場で、なんとなく日本の良き下町の昔からの商売の街みたいな、お土産屋さんがいっぱい出ていて、他では味わえないような空間になっています。一度のぞいてみていただくと面白いかなと思いますけど。

【司会（長沢）】 私は、今月（２０１４年11月）は22日に「勧進帳」を観にいく予定にしております。

【安孫子副社長】　ありがとうございます。

【司会（長沢）】　最近、松本幸四郎、中村吉右衛門ご兄弟が共演することが多いですね。5年前まではほとんどしなかったように思うんですが。

【安孫子副社長】　2人の共演が難しいということは、2人の役柄が一緒なんですよね。大きくいうと。たとえば「勧進帳」というお芝居があると、2人とも弁慶役者なんですよ。「熊谷陣屋」というのをやると、2人とも熊谷直実という役。「仮名手本忠臣蔵」というのをやると、大石内蔵助って、歌舞伎では大星由良之助っていうんですけど、役柄として競い合うことになりますね。やっぱり、お互いの目指す役柄が一緒なので、そこが共演を難しくしています。

【司会（長沢）】　それでも最近、共演するようになりましたね。

【安孫子副社長】　今回は「勧進帳」はお二人の父である初代白鸚さんの追善興行で、染五郎さんの弁慶に、お父さんの幸四郎さんが富樫に、そして叔父さんの吉右衛門さんが義経という特別な配役ですね。義経という役は基本的には演じない役であります。

【司会（長沢）】　義経は女形がやることが多いですよね。

【安孫子副社長】 立役でも二枚目でほっそりしたというか、やっぱり貴公子ですからね。でも今回は染五郎という幸四郎さんにとっては子供、吉右衛門さんにとっては甥が、その家に伝わる一番大事な「勧進帳」の弁慶をやるので、じゃあ自分は義経に出ようと決まりました。さすがに、台詞、発声法、素晴らしい義経です。役柄というのは大事なことで、中村勘三郎さんがテレビでは大石内蔵助の役をやりますけど、歌舞伎では自分がそういう任《にん》というか、そういう役柄の役者じゃないということで、大星由良之助の役は絶対やらなかったですね。

大石内蔵助がどんな人かわからない。演劇とか映画だったら、その人が新しい創造をするんだけど、歌舞伎はやっぱり「仮名手本忠臣蔵」の大星由良之助の役柄というのもみんなで作り上げてきたから、いかにもそういう人じゃないと大星由良之助の役はできないんです。「仮名手本忠臣蔵」で30歳で死んじゃう悲劇のヒーローで、これは架空の人物なんですけど、勘平という役があるんですよね。勘平は基本的には吉右衛門さん、幸四郎さんがなさる役ではない。やったらうまいと思いますよ。

でも、やっぱり勘平というのは、花の盛りでかわいそうなところで死んでいくヒーローですから、やっぱり見た目というのがあるわけで、そういうのが歌舞伎の場合は定められ

片岡愛之助丈 © 松竹株式会社

ちゃっているんです。ですから、中村勘三郎さんがＮＨＫの大河ドラマで「元禄繚乱」かな。大石内蔵助をやったんだけど、それは別の意味でくどかれてやったんですけど、歌舞伎では絶対に大石内蔵助の役はできないからテレビではやろうということで、それは新しい設定の下に作られる像なのでできるんだけど、歌舞伎の場合はその役柄というものを逸脱しちゃうと、やっぱり駄目なんです。そういうものは新しい作品を作ってきて、そういうイメージを作り上げていけばいいので、古典はやっぱりそういう制約というのが、いいか悪いかは別として現実的にはあるんですよね。

【司会（長沢）】　愛之助さんがＴＢＳドラマの「半沢直樹」で一躍ブレークしましたが、ああいうことは歌舞伎界にとって良いことなのでしょうか？　それとも歌舞伎以外のところで話題になるのは迷惑なのでしょうか？

【安孫子副社長】　ＴＢＳさん、愛之助を使っていただき、ありがとうございました（笑）。

愛之助さんって、若いときから関西で才能があると私たちは思っていたので、東京へ武者修行に出させました。そして今の染五郎さん、海老蔵さん、猿之助さんと度々共演する機会をつくりました。大阪の松竹座で愛之助の責任公演を務めるまでに成長してきました。だけどお客さまはある程度来るけど、成績はもうひとつ。

そういうことをやっていたときに「半沢」でブレークしました。たまたまというか、そういうことをキッカケにお客さまも来てくださることになりました。しっかりとした、歌舞伎役者として地盤を築いていたので、あのブレークを生かすことができました。ですからそういう意味では、本当にあれはとてもありがたいことだと思っているし、あの時点で愛之助、あのときは中車さんも、圧倒的な演技力というのが、やっぱり歌舞伎役者というのは大したものだなということも、世の中に知らしめることができたということはありがたいことです。

そういうチャンスを与えてくださるということはとてもありがたいことなので、またいろんなことの中で、そういう若い俳優さんも含めて、テレビドラマとかいろんなことに使っていただけるととてもありがたいんだけど、単発だとそれはやっぱりその場限りなんですよね。だから少なくともああいう何回かの中で、ヒットするような役をキャッチすることができると、とてもありがたいことなので、ひとつまた何かいいお話がありましたら、歌舞伎役者を使ってください。

【司会（長沢）】　なんとなく締めになったところで、じゃあ、今日は松竹株式会社副社長、演劇本部長の安孫子正様に貴重なお話を伺いました。どうもありがとうございました。（拍手）

［付録］ 歌舞伎十八番「勧進帳」

松竹株式会社副社長　演劇本部長　安孫子正氏をお招きして「歌舞伎の夢と感動」をご講義いただいたのは、編者が歌舞伎好きということもありますが、早稲田大学自体が実は歌舞伎と縁が深いことも大きいのです。このことはあまり知られていないようなので紹介したいと思います。

また、質疑応答で歌舞伎十八番「勧進帳」が話題になりました。編者がビジネススクールの教員ということから、あらすじをビジネススクール的に解説し、経営トップとしての意思決定なり選択について議論を提起したいと思います。

●早稲田大学と歌舞伎

早稲田大学は歌舞伎と深い縁があります。

早稲田大学には「早稲田大学演劇博物館」があります。アジアで唯一、世界でも有数の演劇専門博物館で、学外からも多くの見学者があります。学内では親しみを込めて「エンパク」と通称で呼びますが、正式には「早稲田大学坪内博士記念演劇博物館」です。正式名称の通り、日本における演劇の振興と指導に注力し、また、早稲田大学の創立者である大隈重信侯を助け、文学部の前身である文科の開設に功績のあった坪内逍遥博士を記念して、1928（昭和3）年に設立されました。坪内博士は開館式で「よき演劇をつくり出すには、内外古今の劇に関する資料を蒐集し、整理し、これを比較研究することによって基礎をつくる必要がある」と述べたと伝えられています。その志を受け継ぎ、今日に至るまで古今東西の貴重な演劇に関する資料を収集・保管・展示しており、収蔵品は百万点を超えます。歌舞伎に関する所蔵品は特に充実しており、往年の歌舞伎俳優が実際に名舞台で着用した衣裳などもあります。

この演劇博物館の建物は、坪内逍遥の発案で、エリザベス朝時代の16世紀イギリスの劇場「フォーチュン座」を模して今井兼次らにより設計されました。正面入り口は左右にありますが、その中央にある張り出しは舞台になっています。かつては実際に演劇が上演され、特に、1982年の早稲田大学創立百周年には、ご兄弟ともに稲門（早稲田大学ＯＢ）である当代松本幸四郎丈と中村吉衛門丈による勧進帳が上演されました。松竹の本公演でも実現していないこの大顔合わせは今でも語り草です。

2007年の早稲田大学創立125周年には、松本幸四郎丈と市川染五郎丈の親子による勧進帳が新装なった大隈講堂で上演されました。歌舞伎座などで役者に屋号で声を掛ける「大向こう」の人たちも大隈講堂までは現れず、早稲田大学歌舞伎研究会の学生たちもいたはずだとは思うのですが静かで歌舞伎らしい盛り上がりを欠いていましたので、編者は一人、「高麗屋《こうらいや》ーッ」と百回くらい叫びました。幸四郎丈も高麗屋、染五郎丈も高麗屋、義経も四天王のほとんども一門で、みな高麗屋だったからです。早大の記録映像にも編者の「高麗屋ーッ」が収録されているはずです。

その当代松本幸四郎丈は早稲田大学特命教授です。忙しい歌舞伎公演の合間を縫って毎年、大隈講堂で講演いただいています。2014年秋の特別講演会では、『アナと雪の女王』の主題歌が大ヒットした、女優の松たか子のご自慢も娘思いでご愛嬌でしたが、ミュージカルなど歌舞伎以外での活動と歌舞伎との相乗効果などについて見解を述べられ、感銘を受けました。フィナーレでは、ロングランになっている自身主演のミュージカル『ラ・マンチャの男』から「見果てぬ夢」をアカペラで披露されました。込められた情感と圧倒的な歌唱力に酔いしれ、至福のひと時でした。

松本幸四郎丈の前任の早稲田大学特命教授は、12代市川團十郎丈でした。在任中はやはり毎年、早稲田大学にお越しになり、講演いただいていました。2012年秋も先祖に当たる江戸時代や明治時代の團十郎の芸風と人柄について、ユーモアたっぷりに披露されていただけに、2013年2月のご逝去は驚きました。残念でなりません。市川團十郎の名は、江戸時代から続く、歌舞伎界でも別格の重い名前です。市川家の家の芸として定められている18演目が、勧進帳をはじめとする「歌舞伎十八番」です。

12代市川團十郎丈といえば、やはり勧進帳の弁慶です。幸四郎丈の上手さとはまた異なる、家の芸ならでの大らかな風格がありました。弁慶とともに「白浪五人男《しらなみごにんおとこ》」の賊徒の首領である日本駄右衛門《にっぽんだえもん》を演じた舞台も思い出されます。稲瀬川に五人男が勢揃いして、一人ずつの名乗りを連ねる場面に先頭で、「問われて名乗るもおこがましいが、（中略）賊徒の首領日本駄右衛門」と團十郎丈が見得《みえ》を切ると、「成田屋ーッ」と大向こうが嵐のように掛かります。この「問われて名乗るもおこがましいが」という名台詞《せりふ》は、編者も自己紹介の冒頭に使いますし、歌舞伎ファンでなくても聞き覚えがあるでしょう。

「白浪五人男」と俗にいいますが、正式な演題は『青砥稿花紅彩画《あおとのぞうしはなのにしきえ》』といい、河竹黙阿弥《かわたけもくあみ》の作です。この『青砥稿花紅彩画』は本来は長い通し狂言で、五人男の一人である弁天小僧が活躍する『弁天娘女男白浪《べんてんむすめめをのしらなみ》』もその一段です。武家のお嬢様に化けていた弁天が男と見破られて、開き直って名乗る際にいう「知らざあ言って聞かせやしょう」も、もちろん黙阿弥作の名台詞です。黙阿弥作の名台詞は他にも、『三人吉三廓初買《さんにんきちざくるわのはつがい》』の中でお嬢吉三が小判百両をせしめたときに言う「こいつは春から縁起がええわえ」、あるいは『曾我綉侠御所染《そがもようたてしのごしょぞめ》』で御所五郎蔵《ごしょのごろぞう》が恋敵の星影土右衛門《ほしかげどえもん》に対して言う捨て台詞の「晦日《みそか》に月の出る廓《さと》も、闇があるから覚えていろ！」などがあります。これらは、現代人でも口に出る言葉です。

これらの芝居と名台詞の作者である河竹黙阿弥は、江戸時代末期から明治時代半ばまで活躍しました。その曾孫が故・河竹登志夫先生です。早稲田大学名誉教授で歌舞伎研究の第一人者でした。新歌舞伎座のギャラリーに貴重な所蔵品を寄贈され、開場セレモニーに出席された翌月、柿落《こけら》とし公演の最中に新開場を見届けたかのように急逝されました。

以上のように、早稲田大学は歌舞伎と縁が深いのです。この付録も、編者の愛校心の表れと、鷹揚《おうよう》の御見物を請い願い奉り申し上げる次第にございまするーっ。

●「勧進帳」のあらすじ

平家打倒で心を合わせていた源頼朝・義経兄弟であったが不仲となり、頼朝から逃れるため義経主従は山伏一行に姿を変え、奥州藤原氏を頼って陸奥《みちのく》を目指す。これに対して頼朝は各地に新たに関をつくり、義経追討を命ずる。現在の石川県小松市の海岸付近にあたる安宅にも新関がつくられ、知恵者の富樫左衛門が守っている。そこへ義経主従が差し掛かる。

安宅の関を前にして経営会議が開かれ、重役（四天王：亀井六郎、片岡八郎、駿河次郎、常陸坊海尊）は血気に逸り強行突破を主張する。しかし、武蔵坊弁慶ＣＯＯ（最高執行責任者）は、この関一つを破っても次の関があるから、強行突破は駄目だと主張し、自分に任せるように申し出る。強力《ごうりき》（荷物担ぎ）に姿を変えている義経ＣＥＯ（経営最高責任者）の決定は「弁慶、よきに計らえ」と弁慶に一任する。

安宅の関にやってきた弁慶は、東大寺再興の勧進（寄付）のための山伏一行だと言って関を通ろうとする。しかし、関守の富樫は「義経一行がつくり（贋の）山伏になっていると聞いている」と許可せず、それでも通るなら命を取ると凄む。さらに富樫は勧進であれば勧進帳（寄付の趣意書）を持っているはずだから読め、と言う。弁慶は勧進帳があるわけもないので懐から白紙の巻物を取り出して、あたかも勧進の趣意が書いてあるがごとく朗々と読み上げる。さらに富樫は山伏の装束などについて次々と問い掛けるが、教養の高い弁慶はすらすらと答える。さては本物の山伏であったかと富樫は通行を一旦許可するが、番卒《ばんそつ》（見張り番をする兵卒）が強力の顔を見て義経と気付き、富樫が強力を呼び止める。

見破られたか、というので四天王は刀に手を掛けるが弁慶は押し止め、義経を「お前が修行不足で不注意だから義経に間違えられるのだ」と怒って金剛杖で散々に打ち据えるとともに、疑いを解かぬ富樫に対して「この強力を置いて行こうか。この場で打ち殺そうか」と捨て身に出る。富樫は、弁慶の必死な様子から、強力が本物の義経であることを確信し、かつ弁慶の主君を思う心に打たれ通行を許可し立ち去る。

一行は難を逃れ、四天王は弁慶の機転を褒めそやす。しかし弁慶は富樫を欺くためとはいえ主君を打ち据えたことに畏《おそ》れ平伏す。義経は弁慶の手を取り感謝する。そこへ富樫が先刻の非礼を詫びたいと言って追いかけてきて、「粗酒を一献《いっこん》」と最後の別れを申し出る。弁慶は富樫の計らいに感謝して盃を受けて舞を舞い、一行を先立たせた後に「飛び六方」で後を追う。

●質問と議論

義経主従一行の通行を一旦許可されたものの富樫に強力姿の義経が呼び止められたと

き、義経ＣＥＯの取り得る選択肢として「四天王の主張する強行突破」もあったはずです。さらに、弁慶に打ち据えられた時も「部下に打ち据えられる屈辱よりは強硬突破」もあったはずです。さらには、富樫が義経とわかりながら弁慶の忠誠心に打たれて見逃したのは、単なる「武士の情け」というよりは、頼朝に対する命令違反による切腹覚悟で見逃したはずです。弁慶ＣＯＯや義経ＣＥＯは、富樫が正体を見破っても切腹覚悟で見逃してくれたことを認識しているのでしょうか。そもそも、弁慶ＣＯＯは富樫が見逃してくれることを期待して義経を打ち据え続けたのか、義経ＣＥＯは富樫が見逃してくれることを期待して打ち据えられ続けたのか。また、初めて会った富樫が「くさい芝居」を真に受けたり、正体を見破っても切腹覚悟で見逃してくれなかったりしたら、どうしたのでしょうか。

このように考えると、「勧進帳」は歴史的事実に多少の脚色があるにせよ、幸運が重なった結果オーライのようにも思われます。しかし、果たして義経ＣＥＯや弁慶ＣＯＯのトップとしての意思決定なり選択はベストであったのでしょうか。

歌舞伎ファンのビジネススクール教員として、ベストな選択肢が「勧進帳」の筋とは異なってしまいそうで編者は困っています。

（長沢伸也）

編者

長沢　伸也（ながさわ　しんや）

1955年　新潟市生まれ。

早稲田大学大学院商学研究科専門職学位課程ビジネス専攻（早稲田大学ビジネススクール）および博士課程商学専攻教授。早稲田大学ラグジュアリーブランディング研究所所長。フランスESSEC（エセック経済商科大学院大学）ビジネススクールおよびScience Po Paris（パリ政治学院）客員教授などを歴任。工学博士（早稲田大学）。専門はデザイン＆ブランド　イノベーション・マネジメント、感性工学、環境ビジネス。

主な著書として、『グッチの戦略――名門を３度よみがえらせた驚異のブランドイノベーション』（編著、東洋経済新報社、2014年）、『ジャパン・ブランドの創造――早稲田大学ビジネススクール講義録～クールジャパン機構社長、ソメスサドル会長、良品計画会長が語る』（編、同友館、2014年）、『感性マーケティングの実践――早稲田大学ビジネススクール講義録～アルビオン、一澤信三郎帆布、末富、虎屋各社長が語る』（編、同友館、2013年）、『京友禅「千總」450年のブランド・イノベーション』（共著、同友館、2010年）、『戦略的デザインマネジメント――デザインによるブランド価値創造とイノベーション』（共著、同友館、2010年）、『シャネルの戦略――究極のラグジュアリーブランドにみる技術経営』（編著、東洋経済新報社、2010年）、『それでも強いルイ・ヴィトンの秘密――不況に負けない「ブランド力」の作り方』（講談社、2009年）、『ルイ・ヴィトンの法則――最強のブランド戦略』（編著、東洋経済新報社、2007年）、『老舗ブランド企業の経験価値創造――顧客との出会いのデザイン　マネジメント』（編著、同友館、2006年）、『ブランド帝国の素顔LVMHモエ ヘネシー・ルイ ヴィトン』（日本経済新聞社、2002年）ほか多数。

訳書に『ラグジュアリー時計ブランドのマネジメント――変革の時』（共監訳、角川学芸出版、2015年）、『「機械式時計」という名のラグジュアリー戦略』（監訳、世界文化社、2014年）、『ファッション＆ラグジュアリー企業のマネジメント――ブランド経営をデザインする』（共監訳、東洋経済新報社、2013年）、『ラグジュアリー戦略――真のラグジュアリーブランドをいかに構築しマネジメントするか』（東洋経済新報社、2011年）ほか。

2015年4月10日　第1刷発行

アミューズメントの感性マーケティング
——早稲田大学ビジネススクール講義録～エポック社社長、
スノーピーク社長、松竹副社長が語る——

発行者　脇　坂　康　弘

〒113-0033　東京都文京区本郷3-38-1
発行所　株式会社同友館
TEL. 03(3813)3966
FAX. 03(3818)2774
URL　http://www.doyukan.co.jp/

乱丁・落丁はお取替えいたします。　三美印刷／松村製本所
ISBN 978-4-496-05118-0　Printed in Japan